JN411384

single life coaching
싱글데이즈

초판 1쇄 펴낸날 | 2007년 11월 30일

지은이 | 오요나
펴낸이 | 이금석

마케팅 | 곽순식 · 김선곤
기획 · 편집 | 김애리
디자인 | 박상순
물류지원 | 현란

펴낸곳 | 도서출판 무한
등록일 | 1993년 4월 2일
등록번호 | 제3-468호

주 소 | 서울시 마포구 서교동 469-19
전 화 | (02)322-6144
팩 스 | (02)325-6143
홈페이지 | www.muhan-book.co.kr
e-mail | muhan7@muhan-book.co.kr

값 10,000원
ISBN 978-89-5601-190-0 (03810)

single life coaching

싱글데이즈

You have power more than you think!

오요나 글 · 사진

Single Day's

PREFACE _ 서문

사람들은 누구나 저마다 싱글로 태어난다는 것을, 그토록 꿈꾸는 커플의 삶 역시 빛과 그림자가 함께 있다는 것을, 싱글의 행복은 가만히 있으면 나타나는 것이 아니라 마음을 들여다보며 찾고 또 찾아내야 한다는 것을 알려주고 싶었습니다. 쉽지 않겠지만, 우리의 아름다운 싱글데이즈를 위해.

저에게는 다정한 후배들이 무척 많습니다. 싱글의 날들을 유쾌하고 행복하게 만들어주는 친구들입니다.

그중 유독 마음이 쓰이는 아이가 있는데 그 후배 이름은 혜경입니다. 혜경이와의 첫만남이 기억납니다. 스물두 살, 갓 사회생활을 시작한 혜경이가 첫 출근을 하던 날, 부서장은 막내의 입성을 환영하는 의미로 설렁탕집으로 우리를 데려갔습니다. 약간은 더운 날씨였는데 왜 설렁탕집이었는지 이유는 알 수 없었지만. 설렁탕과 깍두기 그릇을 앞에 놓은 혜경이의 표정은 마치 갓 입양된 강아지의 그것과 같았습니다. 커다란 눈을 동그랗게 뜨고 지금 자신이 어디에 와있는지 어리둥절한 듯한 얼굴이었어요. 이것저것 선배들의 질문이 쏟아지자 하나씩 대답하는 혜경이의 콧등에는 땀이 배어나왔어요.

부서장은 저를 혜경이의 사수로 임명했어요. 혜경이에게 업무에 관해 가르치는

끌려 다니는 인생이 아니라
끌고 가는 인생이 진짜다

역할이 제게 주어졌죠. 이렇게 시작된 우리의 관계는 회사를 이직한 후에도 계속 이어졌습니다. 우리는 자주 만나 일에 대해, 연애에 대해, 인생에 대해, 꿈에 대해 이야기를 나눴습니다. 무슨 문제라도 생기면 둘은 머리를 맞대고 문제의 원인과 해답을 찾아내려고 애썼습니다. 혜경이의 주된 고민은 일과 연애문제였습니다.

그렇다고 혜경이만 질문을 한 건 아닙니다. 어느 날은 제가 혜경이에게 질문을 하고 해답을 듣기도 했습니다. 이런 시간들을 통해 우리는 처음 만났던 그때보다 모두 조금씩 성장했습니다. 키가 자랐다거나 살이 더 쪘다는 그런 뜻이 아니라 영혼이 더 넉넉해졌다고 할까요. 서른 살이 된 혜경이는 요즘도 남자친구가 없다는 사실에 대해 가끔 안절부절합니다. 누구나 괜찮다고 생각할 만한 외모를 가지고 있고, 일할 때는 남들보다 톡톡 튀는 아이디어를 내고, 주변에 크리에이티브한 사람들도 무척 많고, 여가시간에는 마라톤을 하며 체력을 키우는 등 누가 봐도 참 잘 살고 있는 싱글인데도 불구하고 혜경이는 자신이 싱글이라는 사실 자체를 몹시 불안해합니다. 마치 마지막 버스를 놓친 사람처럼.

20 30 *and to be continue...*

그럴 때면 저는 혜경이에게 얘기하곤 합니다. 짝이 나타나기 전까지 너 스스로 충분히 아름다운 인생을 살아야 하고, 또 짝이 나타난다면 그와 더불어 조화롭되 자기자신을 성장시키는 일을 멈춰서는 안 된다고 말이죠. 이 말은 혜경이뿐 아니라 제 스스로에게 이르는 말이기도 합니다. 마지막 버스를 놓친 기분이 들 때, 나를 제외하고 모두 커플의 행복을 만끽하는 것처럼 보일 때 스스로를 격려하고 다독이는 문장이기도 합니다.

이 글은 세상의 모든 혜경이들에게 바치는 책입니다. 세상은 싱글에게 너무 가혹하다고 이유 없는 피해의식에 사로잡힌 혜경이들에게, 사람은 누구나 싱글로 태어난다는 것을, 그토록 꿈꾸는 커플의 삶 역시 빛과 그림자가 함께 있다는 것을, 싱글의 행복은 가만히 있으면 나타나는 것이 아니라 마음을 들여다보며 찾고 또 찾아내야 한다는 것을 알려주고 싶었습니다. 쉽지 않겠지만, 우리의 아름다운 싱글데이즈를 위해.

오요나

Single Day's

CONTENTS _ 목차

Part 2.

사람이 재산

"당신이 만나는 사람이 당신을 말해준다"

Part 3.

똑똑한 골드미스 재테크

"독립된 인생을 원한다면 경제적 독립부터"

Part 4.

사회교과서가 알려주지 않는 사회생활

"연기와 정치는 연기자와 정치인의 전유물이 아니다"

Part 5.

골드미스를 위한 시크릿 레시피

"몸과 영혼을 건강하게 만드는 법"

Part 6.

일생 한 번쯤 절정이 필요하다

"하고 싶은 게 있다면 지금 여기서"

20

30

and to be continue...

Part 1.

골드미스가 빠지기 쉬운 일상의 함정들

"가볍게 폴짝폴짝 뛰어넘는 법"

사회생활 십 년차, 30대 중반 미혼여성, 연봉 5000만 원, 아파트 한 채, 자동차 한 대, 일 년에 한두 번 해외여행… 전문직에서 일하는 노처녀를 부르는 새로운 이름 골드미스. 그러나 뚜껑을 열어보면 겉과는 다른 경우가 많다. 자기 자신에 대한 확신과 자신감이 있어야 누구의 시선에 흔들리지 않는 꽉 찬 인생을 살 수 있다. 그 누가 부여한 인생이 아니라 자기 자신의 인생을 사는 것, 그것이야말로 '리얼 라이프'다. 우리는 리얼 라이프를 살아야 한다.

리얼 라이프

골드미스가 빠지기 쉬운 함정이 바로 '사회적 인생살기'다. 사회적으로 부여된 역할에 충실한 것은 좋으나 문제는 여기에 자기 자신이 결여돼 있다는 거다. 돈 잘 벌고 능력 인정받고 잘나가는 것과는 별개의 문제다.

사회생활 십 년차, 30대 중반 미혼여성, 연봉 5000만 원, 아파트 한 채, 자동차 한 대, 일 년에 한두 번 해외여행… 전문직에서 일하는 노처녀를 부르는 새로운 이름 골드미스. 외적인 요소만 보면 무척 화려하기 그지없다. 탄탄한 직장, 남자 못지않은 연봉, 자기 자신에게 마음껏 투자하는 여유.

그러나 사람들의 칭송과는 달리 골드미스들의 내면은 그렇지 못한 경우가 많다. 직장에서 언제 후배에게 밀려 그만두게 될지 모르는 일인데다, 그만두고 나면 딱히 무슨 일을 해야 할지 난감하다. 결혼하지 않았으니 나를 먹여살려줄 남편도 없고 노후에 의지할 자식도 없다. 미혼인 채로 혼자서 나이 들어간다는 공포는 시시때때로 등줄기를 서늘하게 만든다. 그렇다고 그런 모습을 남들에게 들키기는 죽기보다 싫다. 멋있게 잘살고 있는 것처럼 보이고 싶어 명품 가방을 사고 고급 레스토랑을 예약한다.

골드미스가 빠지기 쉬운 함정이 바로 '사회적 인생살기' 다. 사회적으로 부여된 역할에 충실한 것은 좋으나 문제는 여기에 자기 자신이 결여돼 있다는 거다. 돈 잘 벌고 능력 인정받고 잘나가는 것과는 별개의 문제다. 결혼하지 못한 데 대한 불안 혹은 피해의식에 시달리기 쉽다. 겉으로는 건강한 척, 바쁜 척, 씩씩한 척 하면서도 누가 건드리기라도 하면 휘청하며 무너져 내릴 것 같은 기분을 느낀다. 허술함을 감추고 싶은 마음에 외양을 치장하다보니 겉모습은 더욱 화려해지고, 심하면 대외적인 '나' 와 내적인 '나' 로 분리되는 경우도 있다. 누구에게 보이기 위한 삶을 사는 건 위험하다. 모든 것을 다 가진 것처럼 보이는, 완벽한 인생을 사는 듯 보이는 유명인들이 종종 자살을 선택하는 사례를 봐도 알 수 있다.

사상누각 같다. 뼈대를 든든히 세운 집이 아니라 얼기설기 지어진 그 집은 어느 기둥 하나가 빠지면 우르르 무너질지도 모르는, 모래 위의 집이다.

중요한 것은 '리얼 라이프' 다.

사회적 요구와 자신의 욕구를 분별할 수 있어야 이런 문제로부터 벗어날 수 있다. 자기 자신에 대한 확신과 자신감이 있어야 누구의 시선에 흔들리지 않는 꽉 찬 인생을 살 수 있다. 그 누가 부여한 인생이 아니라 자기 자신의 인생을 사는 것, 그것이야말로 '리얼 라이프' 다. 우리는 리얼 라이프를 살아야 한다.

눈을 감고 천천히 기억을 되살려보자. 내가 원하는 인생이 무엇이었나. 지금의 내 인생은 그것과 닮아 있는가?

외로움과 친구되기

나를 온전히 이해해주는 사람이 세상에 아무도 없는 듯한 허전함. 외로움과 정면대결을 벌여선 안 된다. 외로움이란 녀석은 우리가 싸워야 할 대상이 아니라 살살 달래가며 함께 살아야 할 파트너다.

전쟁 같은 직장생활을 보내고 녹초가 된 주말. 주말이 오면, 주말이 오면 아무 약속도 아무 볼일도 만들지 않으리라, 집에서 한 발자국도 나가지 않고 뒹굴겠다, 다짐하고 다짐하던 주말이 아니던가.

그러나 주말은 늘 다짐과는 다르게 진행된다. 주중의 가장 큰 소원이던 늦잠. 회사를 가지 않아도 되는 날이라는 걸 귀신같이 알아차리는 신체센서는 새벽 댓바람부터 눈을 번쩍 뜨게 만든다.

아무 약속 없이 조용히 보내리라 다짐했다고는 하지만 월화수목금 쉴 새 없이 울어대던 전화가 하루 종일 단 한 번도 울리지 않는 걸 보면 마음이

철렁해진다.

'내가 잘못 살았나?'

'나만 빼고 다들 무슨 좋은 일이 있는 건가?'

하지 않아도 될 생각들이 만화 속 말풍선처럼 둥실 떠올랐다 사라진다. 이어 일생 중 가장 완벽하게 게으른 휴일을 보내겠다는 다짐과는 달리 마음은 어느새 안절부절해진다. 휴대폰을 열었다 닫기도 하고 괜스레 창밖을 내다보기도 한다.

휴대폰 속 저장된 사람들의 이름을 훑어본다. 600개를 넘어 700개로 향하고 있다. 일 때문에 저장해놓은 이름들이 대부분이다. 10분의 1쯤은 이름을 봐도 도무지 그 사람의 얼굴이 떠오르지 않는다. 앞쪽 번호에 저장된 친구들의 이름을 들여다본다. 친구들이 결혼이라는 문을 열고 들어간 지 어느새 10년을 훌쩍 넘겼다. 만날 때마다 아이들은 쑥쑥 자라고 친구들은 학부모 태가 난다. 학교와 학원, 미술관 등으로 아이들을 데리고 다니느라 바쁜 친구들의 모습을 잠시 떠올려보다가 다른 이름으로 건너간다. 결혼한 친구들의 휴일에 내가 끼어들 자리는 없다.

차마 지우지 못하고 놔둔 옛 애인의 전화번호에 눈길이 머문다. 잘못 건 것처럼 슬며시 전화해볼까? 비가 오니까 네 생각이 났다고, 아무렇지도 않게 이야기해보면 어떨까? 이내 고개를 흔든다. 서로를 지독하게 못 견뎌하다가 헤어졌으면서 지난 시간은 모두 아름답게 변형시키고야 마는 기억이란 놈이 두렵다.

문득 무언가 그리워진다. 그러나 무엇이 그리운지 실체가 정확하지 않다.

내가 그리워하는 게 지나간 시간인지, 변해버린 친구들인지, 떠나간 애인인지, 시냇물에 흘러간 슬리퍼인지, 무너지기 전 잘록했던 허리인지, 아니면 그 모두인지.

그리고 이내 외로움이 밀려온다. 나를 온전히 이해해주는 사람이 세상에 아무도 없는 듯한 허전함. 이런 재료들로 팥빙수를 비벼먹고 나면 집에서 쉰 하루가 회사에 간 하루보다 더 지치고 힘겹다.

외로움과 정면대결을 벌여선 안 된다. 외로움이란 녀석은 우리가 싸워야 할 대상이 아니라 살살 달래가며 함께 살아야 할 파트너다.

가지지 못한 것에 대한 아쉬움은 가진 것에 대한 감사로!

남의 떡이 커 보일 때면 내 손을 들여다본다. 내가 가진 것에 하나씩 감사하다보면 가지지 못한 것보다 훨씬 더 많은 것을 가지고 있다는 사실을 알게 된다.

대학에 합격한 뒤 입학식까지 남은 자투리 시간동안 아르바이트를 한 적이 있다. 무의미하게 노느니 용돈이나 벌자며 친구가 같이 하자고 제안해 선뜻 따라나섰던 아르바이트였다. 장소는 성수동 어디쯤, 친구 어머니께서 일하는 가방 공장이었다.

친구와 내가 맡은 일은 가방 모양으로 재단해 놓은 가죽에 본드를 칠하는 거였다. 본드를 가죽 안쪽에 잘 발라놓으면 되는 무척 쉬운 일이었다. 본드를 바른 가죽을 꾸덕꾸덕하게 마를 때까지 쥐포처럼 널어놓았다. 냄새가 심해 머리가 아프긴 했지만 일도 쉬웠고 언니 오빠 아저씨 아줌마들도 무척 잘해주었다.

일도 사람도 익숙해진 어느 날 점심시간이었다. 공장 바로 곁에 붙은 밥집에서 일찌감치 점심을 먹은 친구와 나는 남는 시간동안 공장 안을 어슬렁거렸다. 다른 직원들은 공장 밖에서 맑은 공기를 쐬는지 공장 안에는 마침 친구와 나밖에 없었다. 가방공장 내부에는 신기한 기계들이 많았다. 가방 모양으로 가죽을 재단하는 프레스 기계를 구경할 때였다. 무슨 단추를 잘못 눌렀는지 높은 곳에 올라가있던 프레스 기계가 순식간에 밑으로 떨어져 내렸다. 쿵하는 엄청난 소리와 함께 내려온 기계는 밑에 놓여있던 가죽을 단숨에 절단했다. 순간 손을 뺐으니 다행이지 손을 그 위에 놓고 있었더라면 프레스 기계의 칼날에 손목이 떨어져나갔을 아찔한 상황이었다.

너무 놀라 소리를 지르며 손목을 부여잡고 자리에 주저앉았다. 비명을 듣고 달려온 아저씨들도 가슴을 쓸어내렸다. 다행이라고 생각해서였는지 야단도 치지 않았다.

이날의 기억은 오래오래 잊히지 않고 자주 되살아났다. 손으로 뭔가를 하고 있을 때는 특히 더 생각났다. 요리를 할 때, 그림을 그릴 때, 조카의 손을 잡을 때, '손이 있어 다행이다' 하며 감사의 마음을 갖게 된다.

남의 떡이 커 보인다는 속담은 얄밉게도 옳다. 내가 가진 것은 뒷전이고 남의 손에 들려있는 떡에만 관심이 간다. 그리고 그 떡을 가지지 못한 게 그렇게 분하고 원통할 수가 없다.

남의 떡이 커 보일 때면 내 손을 들여다본다. 그래, 나에게는 감사할 것이 무척 많다. 두 손이 있고, 사랑하는 엄마, 아버지, 오빠, 새언니, 동생들,

조카들이 있고, 신체 건강하게 하루하루를 보낼 수 있고, 또 매일 출근할 수 있는 회사가 있고, 나를 격려해주는 좋은 친구들이 있다. 내가 가진 것을 하나씩 떠올리면 가지지 못한 것보다 훨씬 더 많은 것을 가지고 있다는 사실을 알게 된다.

시 간

강물이 흘러간다.
재잘대는 소녀들의 웃음이
물 위를 따라 흐른다.

언제까지고 이어질 것만 같은
블루한 날들.

그러나 모든 것은
순환한다는 걸,
다크 블루는
푸른 하늘과 이어져있다는 걸

자꾸자꾸 나에게
기억시켜야 한다.

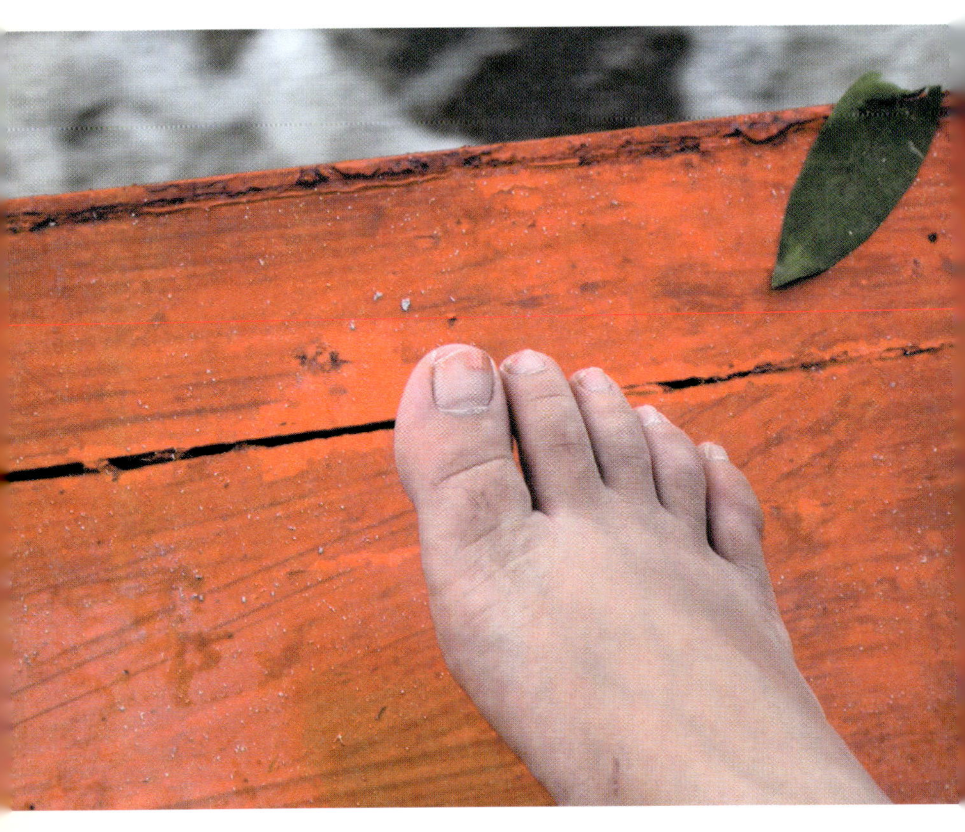

빨래하는 토요일

전쟁같은 한 주가 끝났다.

이제는 지치고 때 탄 영혼을 세탁할 일만 남았다.

이번 주의 세탁비누는

춤, 케이크, 그리고 연극 두 편.

손

누군가 크고 두툼한 손으로
내 머리를 쓰다듬어 주면 좋겠다.

뭐든 다 잘했다며,
뭐든 다 잘될 거라며

천천히
가만가만히.

가장 있고 싶은 곳에서 가장 소중한 시간을 보내는 법

"세상 모든 것을 다 가질 수 없다면 가장 소중한 걸 가지도록 합시다."
어떤 선택 앞에 서게 되면 나는 이제 스스로에게 질문을 던진다. 내게 가장 소중한 것이 무엇인가.

매일 저녁, 누군가를 만나야만 괜찮게 살고 있는 거라는 강박관념을 가졌던 때가 있었다. 수첩을 열면 한달치의 저녁 시간마다 누군가의 이름이 빼곡히 적혀있었다. 시끌벅적한 사람들 틈바구니에 섞여있으면 세상으로부터 소외되지 않았다는 안도감이 들었다. 지나간 달력을 열어 수많은 사람들의 이름을 훑어보며, 아 그래도 괜찮은 시간을 보냈구나, 스스로 뿌듯해하곤 했다. 이런저런 모임들이 내가 진정 원하는 자리가 아니라는 게 문제였다. 와주면 좋겠다는 말을 들으면 부름받은 마징가제트처럼 날개를 붙이고 날아올라야 한다는 사명감에 불탔다. 잠이 부족해 눈밑에 검은 그늘이 진해지거나 입술에 물집이 생기는 날이 많았지만 크게 신경쓰지 않았다.

인생은 매 순간 선택을 강요한다. 눈을 뜨면, 지각을 하고 아침을 먹을 것인가, 혹은 눈썹 그리는 것을 포기하고 34분 지하철을 향해 달릴 것인가를 판단해야 한다. 79:21 정도의 문제라면 선택은 쉬울 것이다. 그러나 대부분의 문제들은 51:49의 비중으로 우리를 괴롭힌다.

엑스보이프렌드가 이런 이야기를 했었다. 당신은 누구에게나 잘해야겠다는 강박증이 있는 것 같다고. 모든 곳에 다 있을 수 없다, 누구에게나 잘할 수 없다는 건 불변의 진리다.

두 명의 친구가 있는데 둘 다 SOS를 요청해왔다면 나는 손오공처럼 분리술을 쓰지 않는 한 한곳밖에 갈 수 없다. 아마 과거의 나였다면 덜 소중한 친구 B에게 먼저 달려갔다가 이후 A에게 달려가 오랜 시간을 함께 보낼 것이다. 어쩌면 그 반대로 했을지도 모르겠다. A에게 달려가 오래 시간을 보낸 후 B에게 간다. 그러나 지금은 달라졌다. 함께 하고 싶은 한 명에게 가서 충실한 시간을 보내겠다. 내 자신을 피폐하게 만들면서까지 상대에게 봉사해야 한다는 생각은 좋지 않다는 걸 알았기 때문이다.

"세상 모든 것을 다 가질 수 없다면 가장 소중한 걸 가지도록 합시다."

어느 날 엑스보이프렌드가 내 손에 쥐어준 쪽지에 반듯하게 적혀있던 문장이다. 엑스보이프렌드는 일찌감치 역사의 저편으로 사라졌지만 그 문장만은 오래도록 기억에서 사라지지 않고 내 인생의 방향을 정해준다.

어떤 선택 앞에 서게 되면 나는 이제 스스로에게 질문을 던진다.

내게 가장 소중한 것이 무엇인가.

싱글은 하이에나가 아니다, 배회하지 말자

싱글은 자신의 외로움을 온전히 자신이 책임져야 한다. 누군가에게 기대 외로움을 덜어보려고 하이에나처럼 방황해서는 안된다. 혼자라는 사실을 외면하지도 피하지도 말고 인정하는 것, 그것이 싱글의 자세다.

싱글의 동지로 오랫동안 함께 희로애락을 나누다 서른둘에 결혼으로 뛰어든 친구가 있다. 그 친구가 결혼한 지 얼마 지나지 않은 신혼 무렵 들려준 이야기가 잊히지 않는다. 결혼하니 좋으냐는 뭐 그런 상투적인 질문과 대답이 몇 번 오간 후였다.

"다른 건 잘 모르겠고 결혼하니까 진짜 좋은 건 퇴근하고 뭐할까 고민하지 않아도 된다는 사실이야."

그랬다. 유난히 외로움도 많이 타고 사람을 좋아했던 그 친구는 퇴근 후 누군가와 만나 맥주 한 잔 마시는 시간을 무척 좋아했다. 그러다보니 그

친구 역시 퇴근 시간 이후 스케줄이 늘 화려했었다. 그 화려한 시간들을 스스로 좋아했을 거라고 믿었는데 알고 보니 그게 아니었다는 이야기다. 누군

가에게 전화를 걸어 만나자는 약속을 하고 사람을 만나 웃고 떠들다 집으로 돌아가는 그 뻔한 패턴이 어지간히 피곤하고 싫증났었다는 이야기다.

아무 약속이 없어 일찍 집에라도 들어가는 날이면 엄마에게 시달림을 당해야 하니까 일찍 귀가하고 싶은 마음은 조금도 없었을 것이다. 사람들을 만나면서 많은 에너지가 배터리가 방전되듯 조금씩 닳아가고 있었던 것을 친구나 나는 전혀 알지 못했다.

퇴근 후에 누군가에게 전화해 만나자고 하지 않아도 되는 일상. 퇴근 후에는 집으로 귀가해 너무나 마땅히 법으로 정해진 파트너인 남편과 시간을 보내는 일. 그게 그렇게 편할 수가 없단다.

싱글의 가장 큰 취약점은 혼자라는 점이다. 특히 골드미스에게 혼자의 시간은 암 선고처럼 두렵다. 아무 약속 없이 집에 들어가는 날이면 혼자라는 외로움이 쓰나미처럼 밀려든다. 지하철에서 집까지 가는 동안 핸드폰을 만지작거리며 저장된 몇 백 개의 이름들을 훑어본다. 그 중 유난히 마음이 가는 이름에 문자를 보내본다. "잘 지내지?" 식으로 가벼운 느낌을 주는 문장을 골라 찍는다. 딱 거기까지다. "만나고 싶어"라든지, "인사동으로 나올래?"라고 말할 수 있는 사람을 찾지 못한 채 집 앞에 도착하고 만다.

싱글은 하이에나가 아니다. 싱글의 삶은 자신의 외로움을 온전히 자신이 책임져야 한다. 누군가에게 기대 외로움을 덜어보려고 하이에나처럼 방황해서는 안 된다. 눈밑에 다크서클이 생기도록 배회해봤자 결국은 혼자 집으로 돌아와야 한다. 혼자라는 사실을 외면하지도 피하지도 말고 인정하는 것, 그것이 싱글의 자세다.

이곳이 아닌 저곳을 염원해

결혼하지 않은 싱글은 결혼을 꿈꾸고, 결혼한 커플은 싱글을 꿈꾼다. 이곳으로 옮기면 저곳이, 저곳으로 가면 이곳이 그리워지겠지. 결국 장소의 문제가 아니다. 마음의 문제다.

회사에 대한 불만이 가득 차올라 입만 열면 곱지 못한 말들이 자꾸 쏟아져 나왔다. 친구들은 이제 내가 하는 말을 가요무대 재방송쯤으로 생각하는 눈치다. 친구들이 심드렁한 반응을 보일수록 회사를 그만둬야 하는 이유들에 대해 더 강력히 호소하곤 했다.

월급을 너무 조금 주고 일은 너무 많이 시키고 이런 상사와는 일하기 싫고 저런 후배도 맘에 안 들고….

그러나 시간을 되돌려보면 지금 이 순간 나는 과거의 내가 그토록 바라 마지않던 직장에서 일을 하고 있다. 이곳에서 일할 수만 있다면, 그렇게만

된다면 몸이 부서져라 일하겠다고 다짐했던 날들이 있었다.

언제부터였을까. 마음속에 권태라는 물때가 끼기 시작한 것은. 눈을 가느다랗게 뜨고 생각해보지만 잘 기억나지 않는다.

작년 가을이었다. 서른다섯 살이었던 여자 후배가 잘 다니던 잡지사를 그만두고 느닷없이 제주도로 이주했다. 처음 만났던 스물다섯 살 무렵에도 "떠나고 싶어요"를 버릇처럼 중얼거리던 그녀였지만 정말 실행에 옮길지 아무도 예상하지 못했다.

결혼을 하지 않아 그녀가 떠나는 일은 의외로 간단했다. "1년만 살다 올게요"라며 마치 3박4일 제주도 여행이라도 하듯 가벼운 표정으로 떠난 그녀. 그리고 6개월쯤 뒤 서울로 나들이를 온 그녀를 만났을 때 나는 그토록 원하던 곳에서 살고 있는 그녀의 마음이 궁금했다. 원하는 걸 잡은 행복은 얼마나 크고 환할까?

그녀는 아주 쉽고도 간단하게 대답했다.

"선배가 예전에 말했었잖아요. 사람은 늘 이곳이 아닌 저곳을 꿈꾼다고."

제주도에 간 처음에는 적응이 잘되지 않아 이런저런 마음고생이 심해 짐 싸들고 서울로 돌아가고 싶어졌다고 했다. 제주도의 상징물인 종려나무도 어쩐지 보기 싫어져 종려나무가 보이지 않는 마을로 이사를 했다고 했다. 그 마을에는 벚나무가 가로수로 심어져 있었는데 벚나무를 보자 마음이 편안해졌다는 그녀다.

결혼 역시 마찬가지가 아닐까. 결혼하지 않은 싱글은 결혼을 꿈꾸고, 결혼한 커플은 싱글을 꿈꾼다. 각자 모두 몹시 간절하게도 자신이 가지지 못한 것에 대해 열망하는 것이다.

결혼하고 싶다고 노래를 부르는 싱글, 결혼하지 말고 폼 나게 혼자 살았어야 한다고 노래를 부르는 커플들을 보면 저곳에 가고 싶은 욕망은 장소의 문제가 아님을 알 수 있다.

이곳으로 옮기면 저곳이, 저곳으로 가면 이곳이 그리워지겠지. 결국 장소의 문제가 아니다. 마음의 문제다.

의심병

의심은 의심을 낳는다. 나를 책임질 사람은 나밖에 없다. 나를 격려하고 나를 위로하고 나를 이끌고 갈 사람은 나다. 누군가에게 대신 해달라고 떼를 쓴다거나 남에게 모두 위탁할 수 있는 일이 아니다.

늦은 밤, 한 후배가 전화를 했다.

"선배, 뭐해요."

"응. 별거 안 해. 너는?"

"선배, 뭐 하나 물어보려구요."

"어. 뭔데?"

"선배, 저 매력이 그렇게 없어요?"

"무슨 소리야? 네가 얼마나 예쁘고 매력적인데. 누가 그래?"

후배는 한숨을 푹 내쉬었다.

"그럼 왜 저는 애인이 안 생길까요."

살다보면 의심이 필요한 일이 무척 많다. 그러나 자기 스스로를 의심하는 일만은 절대금물이다.

의심은 의심을 낳는다. 하나의 사건으로 시작된 일이 일파만파 파도처럼 몰려온다. 사실 몰려오는 게 아니라 엄밀히 말하자면 끌고 나오는 거다. 쥐꼬리만 한 실마리 하나만 있으면 기를 쓰고 쥐구멍에라도 버둥거리고 들어가 이 쥐 저 쥐 이 고양이 저 고양이까지 꺼내온다.

하나를 가르치면 열을 깨치는 신동시절을 겪지 못한 자격지심일까. 하나의 사건에서 열 가지도 넘는 자책 보따리를 등에 지고 버둥거리다가 기어이 방바닥에 눕고 만다.

역시 그랬던 거였어.

내가 그렇지 뭐.

나를 책임질 사람은 나밖에 없다. 나를 격려하고 나를 위로하고 나를 이끌고 갈 사람은 나다. 누군가에게 대신 해달라고 떼를 쓴다거나 남에게 모두 위탁할 수 있는 일이 아니다.

골드미스가 어떤 경우라도 잊어버리지 말아야 할 단 한 가지 문장. 프리즌 브레이크의 주인공처럼 몸에 문신이라도 새겨서 간직해야 할 한 문장.

“나는 사랑받기 위해 태어난 사람.”

“나는 사랑주기 위해 태어난 사람.”

“나는 나 스스로 아름다운 사람.”

매번 같은 사람들과 같은 얘기는 이제 그만

한창 이야기에 빠져 열을 올린 뒤 돌아서 집으로 향하는 길목에서 생각하면 오늘도 역시 같은 얘기를 반복했다는 사실을 깨닫게 된다. 대화의 무한 오토리버스 기능이다. 어째서 우리는 지치지도 않고 같은 이야기를 반복하는 걸까?

이런저런 모임을 통해 사람들을 만난다. 직업과 연령대가 조금씩 다른 모임들이다. 오래된 모임일수록 그들과 만나 나누는 대화가 늘 비슷한 패턴을 반복한다는 사실을 어느 순간 알게 됐다. 남자들이 끼어있지 않은, 싱글인 여자로만 구성된 모임의 경우를 예로 들면 이야기의 패턴은 이렇다.

〈패턴1〉 근황–재테크–남자–용한 점집의 순서다. "요즘 어떻게 지냈니?"로 시작해서 "요즘 주식이 뜬다더라"로 이어졌다가 "어디 괜찮은 남자 없나"에서 "점이나 보러 갈까"로 마무리된다.

결혼한 친구들과의 모임은 〈패턴1〉의 남자 항목 대신 육아가 들어간다. 남자가 섞여있는 모임의 경우에는 〈패턴1〉의 남자와 용한 점집 항목 대신 이직이나 사업에 관한 이야기로 대체된다. 회사 동료들과의 대화도 마찬가지다. 점심을 먹고 스타벅스에 들러 캐러멜라떼 한 잔을 마시며 심각한 표정으로 회사를 걱정한다. 저녁을 먹고 골뱅이집에 들러 맥주 한 잔을 앞에 두고 또 심각한 얼굴로 회사를 걱정한다.

한창 이야기에 빠져 열을 올린 뒤 돌아서 집으로 향하는 길목에서 생각하면 오늘도 역시 같은 얘기를 반복했다는 사실을 깨닫게 된다. 대화의 무한 오토리버스 기능이다. 어째서 우리는 지치지도 않고 같은 이야기를 반복하는 걸까?

대화의 오토리버스 기능에서 벗어나고 싶어서 선택한 것이 동호회다. 처음 춤을 배우기 시작했을 때 동호회 친구들과 나눴던 대화는 신선 그 자체였다. 첫 수업 후 같은 반 친구들과 주점에서 얼굴을 익히는 자리에서는 대화의 90%가 춤에 관한 이야기였다. 그림을 배우러 갔을 때도 그랬다. 평소 단 한 차례도 대화에 올릴 일이 없었던 물감의 색깔과 화가의 이름을 이야기했다.

다른 관심사가 생기면서 기존 모임에서 나누는 대화에도 변화가 생겼다. 남자 이야기 사이사이, 재테크 이야기 틈틈이 내가 관심 갖고 애정을 쏟는 것들에 대한 이야기를 나눌 수 있게 됐다. 오토리버스 기능을 가진 녹음기가 되고 싶지 않다면 관심사를 넓혀보는 것이 방법이다.

내 인생의 스폿

매일매일
열심히 찾아내야 할

내 인생의 스폿.

가고 싶다

아무도 없는 곳
두통같은 일상은 버리고.

이곳에는
보이지 않는
천국을 찾아서.

두려워하지 마

너를 지켜주는
분홍 튜브가 있잖아.

나쁜 일이 반드시 나쁜 일은 아니다

만약 소설가 조앤 롤링이 자신에게 닥친 '인생의 쓰나미'를 이겨내지 못했더라면 어땠을까? 나쁜 일이 무조건 나쁘지는 않다. 나쁜 일은 하나의 씨앗이다.

영국의 작가 조앤 롤링이 해리포터 시리즈를 마무리했다. 조앤 롤링은 이 책을 통해 영국에서 엘리자베스 여왕 다음으로 부자 대열에 합류했다.

조앤 롤링이 이 책을 쓰기 전 남편과 이혼하고 혼자서 아이를 키우며 정부에서 보조금을 받아 생활하던 극빈자라는 사실은 익히 알려져 있다. 만약 생활고를 견디다 못한 조앤 롤링이 자살했다면 어땠을까. 그랬다면 그녀의 인생은 신문의 사회면 한 귀퉁이에 생활고로 자살한 여인쯤으로 처리된 뒤 사람들의 뇌리에서 잊혀졌을 것이다. 영국 신문의 사회면이니까 우

리는 조앤 롤링의 존재 자체에 대해 알지 못했겠지.

또 만일 그녀가 남편과 이혼하지 않고 행복하고 안락한 가정을 이루며 살았더라면 어땠을까. 만약 조앤 롤링이 자신에게 닥친 인생의 쓰나미를 이겨내지 못했더라면 어땠을까?

그랬더라면 조앤 롤링의 명작 해리포터 시리즈를 만나지 못했을 거다. 지팡이를 타고 하늘을 날아다니는 해리포터는 영원히 사람들의 눈에 띄지 않은 채 마법의 세계 속에 묻혀있었을지 모른다.

그러나 조앤 롤링은 인생 최대의 위기를 돌파하기 위해 소설을 썼고 마법처럼 하루아침에 세계적인 작가가 됐다.

나쁜 일이 무조건 나쁘지는 않다. 나쁜 일은 하나의 씨앗이다. 나쁜 일은 좋은 일을 잉태하고 있다. 그러나 만일 나쁜 일을 겪은 뒤 운이 없었다고 자책하고 끝내버린다면 제비의 박씨를 심지 않고 서랍에 넣어두는 것과 마찬가지다.

역경을 이겨내야 할 이유가 여기 있다.

조금 다르면 어때

주변 모두가 나에게 정상이 아니라는 눈빛을 보내온다면 웬만한 내공이 아니고서야 무심할 수 없다. 그렇다고 너무 깊이, 너무 많이 흔들리지는 말자. 남과 다르다고 좌절하지 말자. 그대는 아무 잘못도 저지르지 않았으며 누구에게 비난받을 일을 하지 않았다.

"애기가 몇 살이에요."

"결혼은 왜 안해요?"

"애기 낳으려면 더 늦으면 안 되는데."

"너무 혼자만 즐기며 사는 거 아니에요?"

"그러다 늙고 병들면 어쩌려구요?"

"노후 준비는 하고 있어요?"

대한민국 최고의 관심사 결혼과 연애. TV 드라마는 하나같이 결혼하려는 남녀의 밀고 당기는 연애담이고 유행가는 대부분 나는 널 사랑하는데 왜 모르니 같은 내용들이다. 결혼 권하는 사회에서 '결혼하지 않은 죄'를 주

홍글씨처럼 안고 사는 족속이 골드미스다.

결혼, 지상 최대의 난제. '그대 앞에만 서면 나는 왜 작아지는가'. 김수희의 '애모'가 절로 나온다. 인식이 달라졌다고 하지만 아직도 우리나라에서는 어른은 결혼을 해야만 한다고 믿는 사람들이 대부분이다.

나이는 찼는데 결혼하지 않았다는 사실을 알고 나면 사람들은 마치 취조실의 형사처럼 태도를 바꾼다. 그들의 관심사는 '왜 안했느냐'다. 왜 나이가 차고 기울도록 결혼을 하지 않았는지 타당한 이유를 대라고 다그친다. 결혼하지 않은 데 대해 설명하려다보면 대답이 옹색해진다. 특별한 이유가 있는 것도 아닌데 무슨 할 말이 길게 있겠나.
그러나 질문하는 사람들은 무슨 엄청난 대답이라도 기대하는지 집요하기도 하다.
"그래요, 나 레즈비언이에요." 혹은 "저 사실은 외계인이에요." 이런 선언이라도 나오길 기대하는 걸까? 그래서 무료한 일상에 쫄깃쫄깃한 안주거리라도 제공해주길 바라는 걸까?
그러나 아쉽게도 나는 단지 내게 맞는 남자를 아직 만나지 못했을 뿐이라고 믿고 있는 이성애자이며 지구인이다.
아주 건전한 사고방식의 소유자라 해도, 주변 모두가 나에게 정상이 아니라는 눈빛을 보내온다면 웬만한 내공이 아니고서야 무심할 수 없다. 어쩌면 인생을 잘못 살고 있는 게 아닐까 스스로를 의심하게 된다.
그렇다고 너무 깊이, 너무 많이 흔들리지는 말자. 남과 다르다고 좌절하지 말자. 그대는 아무 잘못도 저지르지 않았으며 누구에게 비난받을 일을 하지 않았다.
나에게 별 관심도 애정도 없는 누군가의 한마디 때문에 온 에너지를 쓰며 좌절할 필요는 없다. 나는 내가 원하는 인생을 살아갈 권리가 있다.
조금 다르면 어떤가, 내 방식대로 살자.

기혼자가 오래 산다!

뭐가 문제일까? CSI 대원처럼 탐문수사해 본 결과 주범은 소외감이라는 녀석이라는 결론을 내렸다. 결혼의 세계에 발을 들여놓지 못했다는 소외감. 쉽게 말하면 '왕따'의 서러움이라고나 할까.

어느 날 기혼자가 싱글보다 오래 산다는 뉴스가 내 눈을 번쩍 뜨이게 했다. 결혼하지 않았다는 이유로 수명까지 단축될 수 있다니 억울하기 그지없는 노릇이다.

사회적 지위가 있는 사람일수록 그렇지 못한 사람보다 오래 산다는 학설도 있다. 아카데미상을 받은 배우가 받지 않은 배우보다 오래 산다는 조사도 있었다. 결국 정신적인 행복과 자부심이 개인의 수명에까지 영향을 미친다는 얘기다.

이유는 뭘까? 혼자 사는 사람은 잘 챙겨먹지 않기 때문에? 제대로 먹지 못해 영양 불균형으로 건강이 나빠질 염려가 있다지만 이건 요즘 싱글들에는 해당되지 않는다. 요즘 똑똑한 싱글들은 자기자신을 위해 기꺼이 앞치마를 두르고 요리에 시간을 투자한다. 점심시간을 이용해 요리학원에 다니며 요리법을 배운다. 인터넷 요리 사이트를 보면 요리 잘하는 싱글들이 수두룩하다. 친구들을 초대해 홍시맛이 나는 궁중요리라도 떡 벌어지게 차려 내놓을 수 있다.

게다가 기혼자들의 식탁을 살짝 훔쳐봐도 뭐 특별히 다른 점은 찾아보기 어렵다. 오히려 육아와 직장생활을 병행하느라 기혼녀들이 주방에서 하는 요리라고는 이유식과 라면밖에 없는 경우도 허다하다.
그렇다면 뭐가 문제일까? CSI 대원처럼 탐문수사해 본 결과 주범은 소외감이라는 녀석이라는 결론을 내렸다. 결혼의 세계에 발을 들여놓지 못했다는 소외감. 쉽게 말하면 '왕따' 의 서러움이라고나 할까.
결혼한 사람들과 무수히 많이 이야기를 나눠 본 결과 그들 역시 외로움을 느끼며, 결혼하고도 느껴지는 외로움은 혼자일 때의 외로움보다 몇 배 더 처절하게 외롭다고 엄살 부린다. 그러나 결혼이라는 제도 바깥에 서있는 사람에게는 기혼자들의 주장이 그저 가벼운 앙탈로만 들린다. '해보니 별거 없더라' 의 감정은 해보지 않고서는 절대 느낄 수가 없으니 말이다.
그렇다 해도 소외감이나 외로움이 밀려올 때는 주문을 외워보자.
사람은 모두 외롭다, 라고.

flowering branches

봄 무늬

살랑살랑 봄바람이
딱딱해진 내 마음에
봄 무늬를 만들어줍니다.

봄이 오면
곱게 번져가는 초록 이파리처럼
마음을 온통 내맡겨 믿어보세요.
봄을,
그리고 화사하게 피어날
자신의 꿈을.

하루 세 가지 마인드 컨트롤

소유는 행복이 아니다.

내가 출근하는 곳은 내 개인 사무실이다.

남의 행복이 커진다고 내 행복이
작아지지 않는다.

산다는 건

흙탕물 가득한 물웅덩이 길을
기꺼이 걸어가는 일.

비 그치고 햇살 가득한 날을
기대하며
즐겁게 가는 것.

NO
PARKING
USA TODAY
LAVENDER
Apartment Finder
Downtown
Jobs
JobDig
Dig Your JOB
JobDig

잘 계신거죠?
두 귀를 쫑긋 세우고
기다린다.
세상이 내게 보내는
안부편지.
ROSENTHAL FURNITURE
JOBS & CAREERS
EMPLOYMENT NEWS
learningannex.com

내 인생의 경품 마일리지

머릿속에 반짝 전구가 켜졌다. 그래 하느님은 내게 큰 선물을 주시려고 차근차근 적립해주고 계신 거야.
그렇게 생각하니 이젠 다른 이들이 경품에 척척 당첨돼도 배 아프지 않을 자신이 생겼다.

태어나서 지금까지 그 흔한 경품에 단 한 번도 당첨된 적이 없다. 친구가 백화점에서 2만 원짜리 바지 한 벌을 산 후 넣은 응모권으로 프랑스 파리 여행권에 당첨됐을 때, 또 다른 친구가 일회용 아기기저귀를 산 뒤 자동차를 받게 됐을 때, 또 송년파티에서 참가자들의 절반 정도가 받는 경품조차 나를 비켜갔을 때, 늘 한 번도 당첨되지 않아 최하위밖에 바라지 않는 나에게 최하위인 빨간호두조차 나를 피해갔을 때, 빨간호두를 받은 후배가 가련한 눈길로 나를 보며 봉투를 열어 빨간 호두 한 봉지를 나에게 건넸을 때, 어쩜 이렇게 복이 없을까 절망했다.

그러나 두바이 여행권에 당첨된 후배가 자신 역시 이전에 단 한 차례도 경품 복이 없었던 사람이었다는 얘기를 들려줬다. 후배 역시 그동안 1,000원짜리 한 장 경품으로 당첨돼 본 적이 없었다고 했다.

머릿속에 반짝 전구가 켜졌다. 그래 하느님은 내게 큰 선물을 주시려고 차근차근 적립해주고 계신 거야, 라고 생각했다. 그렇게 생각하니 이젠 다른 이들이 경품에 척척 당첨돼도 배 아프지 않을 자신이 생겼다.

하느님이 오늘도 마일리지를 적립해주셨네, 라고 생각하면 되는 거다.

오늘까지 적립금이 얼마일까? 하느님께 작은 경품이라도 좋으니 이제 그만 달라고 떼를 써볼까?

거절의 어려움을 넘기

착한 여자콤플렉스의 전형이었던 나는 세상에서 거절이 가장 어려웠다. 거절하더라도 사람들이 나를 미워하는 건 아니라는 걸 떠올린다.

착한 여자콤플렉스의 전형이었던 나는 세상에서 거절이 가장 어려웠다. 누군가 무엇을 요청하면 아무리 어려운 상황이라도 대부분 '옛!' 이라고 대답했다. 만약 거절한다면 상대방이 얼마나 무안할까, 혹은 거절했다고 나를 싫어하면 어떡할까 하는 생각이 차르르 지나간다. 만일 누군가 내게 똑같은 상황을 예로 들며 어떻게 행동해야 할지 물었다면 1초도 지체없이 자신의 감정에 충실하게 '노' 하라고 충고해주었을 것이다. 억지로 '예스' 하는 것보다는 내 마음에 충실하게 '노' 라고 대답하는 편이 낫다는 사실을 잘 알고 있었지만, 안다는 것과 그것을 실천하는 것은 별개의 문제다.

남의 부탁을 거절 못하는 성격적 결함 때문에 참 많은 시간을 허비해야 했다. 휴일에 약속이 3~4개가 넘는 날도 있었다. 그렇다고 그 시간들이 모두 헛된 시간이었다고는 생각하지 않지만-모든 시간은 어떤 의미로든 교훈을 준다-그런 시간들이 내 몸과 마음의 활기를 조금씩 갉아먹었다.

의식적으로 노력하면서 어느 정도 나아졌다고 느끼지만 여전히 '착한여자병'이 뿌리뽑히지 않았다. 여전히 거절은 어렵고 어렵다. 또 누구에게 싫은 소리 한마디라도 하려 치면 무대에 오르는 배우처럼 마음속으로 연습에 연습을 거듭한다.

그래도 희망은 있다. 이제 '노'라고 말한다 해서 상대가 나를 싫어할 거라는, 모두에게 사랑받고 싶다는 터무니없는 본능이야말로 터무니없다는 사실을 알게 됐다는 것만으로 충분히 희망적이라고 스스로를 다독인다. 알고 있으니 이제 행동하기만 하면 된다.

나는

작고 어리고 연약한 존재.
이제 막 발걸음을 뗀
새끼 망아지.

그러나 나는 또
크고 강하고 씩씩한 존재.
부드러운 갈기를 휘날리며
넓은 초원을 내달리는 말.

조금 다르면 어때

자꾸 곁눈질 하지 않기로 한다.
조금 다르면 어떤가.
내 방식대로 살겠다.

Part 2.

사람이 재산

"당신이 만나는 사람이 당신을 말해준다"

많은 여성들이 유독 사회적 인맥에서는 남성들에 비해 뒤떨어지는 이유는 뭘까? 여성이라는 틀 속에 자신을 가둬놓기 때문일지도 모른다. 남녀 차별은 절대 참을 수 없다고 생각하면서도 정작 대인관계에 있어서는 폭넓게 사람을 사귀려 하지 않는 경향이 있다. 만약 새로운 인맥을 만들고 싶다면 친구와 회사동료의 우물에서 뛰어나와야 한다.

인생을 풍요롭게 만들어주는 12명의 사람

실연의 슬픔 속에 허우적거릴 때 나를 위로해준 건, 나를 따스하게 지켜봐준 건, 견딜 수 있는 힘을 준 건 나를 '뻥' 차버리고 떠나간 남자가 아니라, 내 곁의 친구들이었다. 친구들은 내게 따뜻한 홍차를 내밀었고 감정의 롤로코스터를 타고 있는 내 불안한 심리상태를 담담하게 지켜봐주었다. '세상은 넓고 남자는 많다' 는 사실을 일깨워줬으며 '실연 당했을 땐 매운 게 최고' 라며 매운바지락볶음 레시피와 함께 고추기름을 전해주었다. 직접 내렸다는 매운고추기름을 받았던 그날의 날씨가 기억난다. 무너져 내린 내 마음과는 반대로 너무 환해서 어디 숨을 곳이 없어 슬펐던 날, 부서진 내 마음을 따뜻함으로 조각모음해준 소중한 친구이다. 그런 시간들이 산산이 조각난 내 마음을 하나둘 이어 붙여주었다.

그런 글을 읽은 적이 있다. '내 인생에 꼭 필요한 12명의 사람' 이라는 글이었다. 그 글은 내게 질문을 던져왔다. '당신은 그런 사람을 가졌는가' 라고.

1. 믿고 의논할 수 있는 든든한 선배
2. 무엇을 하자 해도 믿고 따라오는 후배
3. 쓴 소리도 마다하지 않는 냉철한 친구

4. 나의 변신을 유혹하는 날라리 친구

5. 여행하기 좋은 먼 곳에 사는 친구

6. 에너지를 충전시켜주는 애인

7. 언제라도 불러낼 수 있는 술 친구

8. 어떤 상황에서도 내 편인 친구

9. 독립공간을 가진 독신 친구

10. 부담 없이 돈을 빌려주는 부자 친구

11. 추억을 많이 공유한 오래된 친구

12. 연애감정 안 생기는 속 깊은 이성 친구

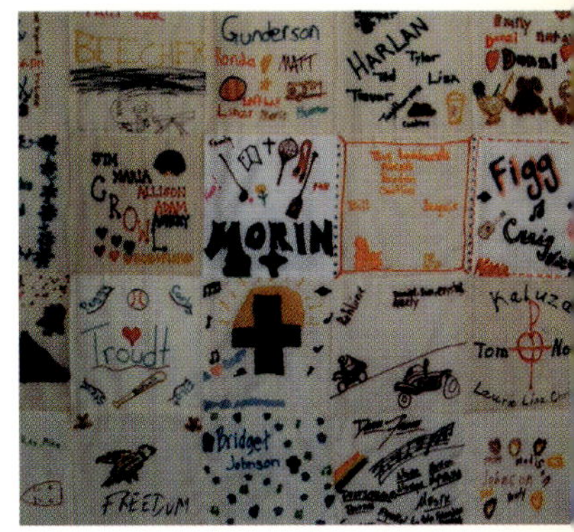

질문을 앞에 놓고 종이에 이름을 하나 둘 써보았다. 몇 개 항목을 빼고는 대부분 친구들의 이름이 척척 떠올랐다. 종이 위에서 반짝이는 친구들의 이름을 보니 슬며시 미소가 나오면서 기쁜 마음이 샘솟는다.

사랑하는 친구들, 오늘 저녁에는 문자 메시지라도 보내고 싶어진다.

반대로 나는 누군가의 종이 위에 몇 번쯤 호명되는 이름일까 궁금해진다.

한 번? 두 번? 세 번? 만일 한 번도 불리지 않는다면 지금까지 살아온 인생을 재점검해봐야 하리라.

남을 돕는 것이 나를 돕는 것

직업 탓에 매주 수많은 사람을 만난다. 새롭게 인사를 주고받는 사람도 있고 몇 년째 지속적으로 만나는 사람도 있다. 100장쯤 담겨있는 플라스틱 명함 통은 두 달 정도면 바닥을 드러낸다. 새로 받아 명함지갑에 넣어두었다가 서랍으로 옮겨놓은 명함들은 정리할 새도 없이 쌓여만 간다. 사람들을 만나는 절대 양으로 평가한다면 순위에 들겠지만 나의 인맥은 그닥 넓지 않다.

사실 돌이켜보면 나는 인맥관리를 의도적으로 피해왔다. 주로 코드에 맞는 몇몇 사람들과 관심사에 대해 이야기하며 웃고 떠드는 수준이 전부였다. 일 때문에 알게 된 사람들 중 좀더 가까이 지내고 싶은 사람이 있기도 했지만 그들을 인맥이라는 이름으로 묶어 관리하고 싶지는 않았다. 인맥이라는 낱말에서 오는 부정적인 느낌이 싫었다. 또 노력으로 이어지는 관계는 별 의미가 없다고 생각해왔다. 아무 이해타산이 섞이지 않는 관계야말로 진정한 관계라고 믿었다.

남다른 인맥관리로 마당발을 자랑하는 J 대표. 샐러리맨으로 일하다 몇 년 전 사업을 창업한 뒤로는 더욱 바쁘게 움직인다. 바쁜 와중에도 J 대표의 인맥관리는 빈틈이 없다. 지인들과 지속적으로 만나고 전화나 문자 혹은 이메일을 보내 안부를 챙긴다. 경조사나 기념일을 빼놓지 않고 챙기는 것은 물론이다. 다양한 모임을 조직하고 그 사람들과 비즈니스를 도모한다.

J 대표는 "인맥은 결코 상대에게 무슨 덕을 보겠다는 숨은 의도를 가지고 접근해서 얻을 수 있는 게 아니다"라고 강조했다. 사람의 마음을 얻는 유일무이한 방법은 진심뿐이라는 게 J 대표의 지론이다. 진심이냐 아니냐는 스스로 가장 잘 알고 있다. 내가 진심으로 대한다면 틀림없이 상대방도 진심으로 응대해온다. 의도를 감추고 접근하면 상대가 먼저 알아차린다. 인맥에는 잔꾀가 통하지 않는다.

"진심으로 상대를 대하고 진심으로 남을 도와라. 내가 가진 것으로 남을 돕는 것은 무척 쉽다. 남을 돕는 일은 곧 나를 돕는 일이다. 자신이 가진 걸 아낌없이 베풀어라."

직원 6명을 두고 홍보대행사를 운영하는 H 대표. 사업을 꽤 성공시킨 골드미스다. 그녀의 인맥관리 노하우도 마찬가지다.

"사업을 처음 시작했을 때는 권력 있는 사람을 알게 되면 무조건 친해지려고 했다. 잘 보이고 싶어 의식적으로 노력했다. 그런데 이런 내 마음을 알았는지 상대방도 나를 경계하며 마음을 열지 않더라. 나중에 내가 어려웠을 때 나를 도와준 사람은 내가 잘 보이기 위해 애썼던 힘 있는 사람이 아니라 평소 마음을 터놓고 지내던, 평범한 지인들이었다. 그들은 마치 자신의 일처럼 발 벗고 나서서 나를 도와줬다."

H 대표는 말했다. 무엇을 위해서가 아니라 진심으로 사람과 소통하면 그 사람이 내 사람이 된다고.

선입견은 그만!

여성은 영리하고 집요하고 추진력 있고 섬세하고 스마트하다. 이처럼 장점이 많은 여성들이 유독 사회적 인맥에는 남성들에 비해 뒤떨어지는 이유는 뭘까?

여성들이 남성에 비해 인맥에 대한 필요성을 느끼지 않기 때문일 수도 있지만, 여성이라는 틀 속에 자신을 가둬놓기 때문일지도 모른다. 여성은 남녀를 지나치게 따진다는 게 남성들의 이야기다. 남녀 차별은 절대 참을 수 없다고 생각하면서도 정작 대인관계에 있어서는 여성임을 강조하며 폭넓게 사람을 사귀려고 생각하지 않는 경향이 있다.

어떤 모임이 있다. 모임의 멤버는 대부분 남성들로 구성됐다. 이 모임에 게스트로 초대받은 여성이 있다. 모임은 홍일점인 여성을 중심으로 화기애애하게 진행됐다. 그리고 다음날, 한 남성 멤버가 이 여성에게 전화했다. 평소 관심 있었던 분야의 일을 하는 분이라 반갑다면서 친하게 지냈으면 좋겠다는 안부전화다.

그러나 전화를 끊고 여성은 고민하기 시작한다.

저 사람이 나를 좋아하나. 나한테 작업 거는 거 맞지? 아니면 나를 이용하려고? 아이고, 못생겨가지고 보는 눈은 있으시네. 아니면 내가 어제 헤프게 보일 행동을 했었나? 뭐야, 난 그런 여자 아니라구요. 고민 끝에 여성은 모임의 총무에게 전화를 건다. 저 앞으로 그 모임 못 나갈 거 같아요.

여성은 막 시작되려는 인맥의 싹을 싹뚝 잘라버리고 스스로 대견해한다.
'난 헤픈 여자가 아니라구.'

여성의 경우 선입견도 지나치게 강하다. 저 사람은 너무 야비하게 생겼어, 저 사람은 좀 느끼한 거 같아, 저 사람 너무 쫀쫀하지 않니.
직접 부딪혀 알게 되기도 전에 미리 모든 데이터를 이용해 점수를 낸다. 그리고 점수에 맞춰 그 사람을 대한다. 그러니 사람과의 관계가 넓어질 리 없다. 대인관계가 대부분 현재 자신의 업무 위주의 관계로 집중된다. 동창과 회사 사람을 제외하고 만나는 사람이 손에 꼽힐 지경이다.
만약 새로운 인맥을 만들고 싶다면 친구와 회사동료의 우물에서 뛰어나와야 한다. 그 우물 밖이 늑대와 사기꾼들의 소굴이라고 믿고 있어서는 곤란하다.

V WIE VENDETTA

친구

나란히 걸어주어서
고마워.
재잘재잘 이야기를 들려줘서
고마워.
입가에 미소를 띠고 귀 기울여줘서
고마워.

네가 곁에 있다는 사실만으로도
마음에 퐁퐁
따뜻한 샘물이 흘러.

당신은 멘토가 있나요?

한 사람 안에는 다양한 모습이 내재돼있다. 어떤 관계 속에 들어가느냐에 따라 다른 모습이 표출된다. 아무리 천방지축 제멋대로인 사람이라 하더라도 한 살배기 아이와 함께 있다면 어른스러운 모습을 보일 테고, 아무리 현자라 하더라도 어머니 앞에서는 어리광을 부리는 아이의 모습이 나온다.

인생을 살아가며 멘토가 있다는 건 숙제에 없어서는 안 되는 표준전과를 얻은 거나 다름없다. 혹은 캄캄한 어둠속에서라도 갈 길을 알려주는 내비게이션을 가지고 있는 것과 마찬가지다.

멘토가 있다면 헤매지 않고 길 찾기에 성공할 수 있게 된다. 멘토가 있다면 불필요한 낭비를 좀더 줄일 수 있게 된다. 그러므로 인생의 멘토를 찾는 일은 무척 중요하다.

그런 의미에서 오늘부터라도 당장, 내 인생의 멘토를 찾아 모시자. 아무도 없다고 푸념하지 않기를 빈다. 아무도 없다면 지금부터라도 찾아보면 된다. 멘토를 찾았다면 그 분에게 다가가 자신의 마음을 전달해보도록 하자.

"당신은 제 인생에서 가장 닮고 싶은 사람입니다. 제 멘토가 돼주세요."

직접 말하기 쑥스럽다면 편지에 적어도 좋다. 앞으로 일생동안 잘 부탁드린다는 말도 잊지 말자.

멘토를 모시는 것에 못지않게 멘토가 돼보는 것도 인생에 큰 도움이 된다.

멘토가 돼 누군가의 인생에 대해 깊이 성찰하다 보면 삶의 법칙을 더 많이 더 빨리 깨치게 된다. 상담을 해주는 과정 속에서 자신도 성장한다. 내가 무슨 멘토 자격이 되겠어, 라고 소심하게 생각하지 않아도 된다.

자리가 사람을 만든다고 했다. 반장이 되면 아무리 리더십이 없는 아이라 하더라도 반장 역할을 하기 위해 노력하며 그런 과정을 통해 결국 반장 노릇을 잘 해내게 돼있다.

좋은 남자는 어떤 남자일까

결혼과 연애, 골드미스에게는 큰 숙제다.

세 번 만나본 뒤 결혼을 결심했다며 "결혼이 가장 쉬웠어요"라고 얘기하는 사람들을 보면 놀랍기 그지없다.

그런 우스개가 있다. 남자 찾기를 수박 고르기에 비유한 농담이다.

가게마다 수박이 진열돼있는 골목길이 있다. 첫 번째 가게에 들어가 수박을 둘러본다. 큼직하고 좋아보이긴 하지만 왠지 다음 집에 더 좋은 게 있을 것 같다. 첫 번째 가게를 나와 두 번째 가게에 들어간다. 가게에 놓인 수박은 어쩐지 첫 번째 집보다 못한 것 같다. 아까보다 못하군, 생각하며 세 번째 집으로 향한다. 세 번째 집에서 네 번째 집으로, 네 번째 집에서 다섯 번째 집으로 옮겨간다. 날씨는 덥고 땀은 흐르고 점점 집에 가까워진다. 맨 마지막집, 이젠 어찌해볼 도리도 없다. 맨 처음 수박과는 비교할 수 없을 만큼 작고 부실해보이지만 이 수박마저 사지 않으면 이젠 가게가 없다. 하는 수 없이 첫 번째 본 수박과 비교하면서 형편없는 수박을 산다.

이 우스개 속에는 놓친 고기가 커 보인다는 속담이 숨어있다.

전성기 때 죽고 못 살겠다며 나를 쫓아다니던 남자가 한둘쯤 없었던 골드미스가 있을까? 또 그때 그렇게 '찌질' 해보였던 남자들이 지금은 하나같이 번듯한 사회인으로 자리잡은 모습을 보며 배 아파 본 골드미스도 많을 것이다.

돌이켜보면 그가 가진 잠재력을 전혀 짐작하지 못한 게 실수다. 외모나 직업 등 현재 그가 가지고 있는 외적인 데이터가 전부라고 생각하고 판단한 것이다. 그러나 만약 과거로 돌아가 다시 선택할 수 있는 시간이 온다 해도 다시 그 남자를 선택할 가능성은 매우 적다.

어떤 남자가 좋은 남자일까? 세상에는 너무 많은 좋은 남자가 있으므로 나쁜 남자를 피하는 방법으로 대신하고 싶다.

인터넷 포털 사이트에서 남녀문제 상담가로 이름을 날린 어떤 여성이 그런 얘기를 했다. 중독증이 있는 남자만 아니면 된다고. 알코올 중독, 마약 중독, 도박 중독, 게임 중독, 섹스 중독… 무엇 하나에 빠지면 헤어나올 줄 모르는 성향을 가지고 있다면 결혼상대자로 제외하라는 말씀. 이런 남자들은 얼핏 열정과 근성이 있는 남자처럼 보일 수도 있어 여자들이 혹 하고 넘어가기 쉽다. 또 모성본능이 있는 여성이라면 '내가 저 남자를 구원해 줘야지' 라며 빠져들 수도 있다.

그러나 연애와 결혼이 무슨 도를 닦는 수행과정은 아니지 않은가.

나를 끊임없이 수련하게 만드는 남자만 아니라면, 어떤 남자와도 사랑에 빠지라고 부채질하고 싶다.

연애는 물냉면

연애는 무덤덤한 냉면을 새콤매콤하게 만들어주는 식초, 겨자같은 존재다. 연애를 하면 따로 피부과에 가서 비타민C 엠플을 주입받지 않아도 피부가 탱글탱글해진다. 연애를 하면 몇 천만 원짜리 복권에 당첨이라도 된 것처럼 실실 웃음이 나온다.

이론상으로는 너무 잘 알고 있다. 결혼해 한 명의 남자에게 매인 몸도 아닌데 연애를 왜 안하냐고 만나는 사람들은 묻는다.

수학도 잘하는 사람 못하는 사람이 있듯 연애도 잘하는 사람 못하는 사람이 있다. 수학공식 과외도 하고 열심히 공부하면 수학도 잘할 수 있게 되듯 연애도 마찬가지. 그러나 과목에 대한 애정이 있어야 최상의 효과를 발휘할 수 있다는 점에서 수학이나 연애나 어렵기는 마찬가지다.

그렇다면 연애는 뭘까?

남자와 여자가 만나서 밥 먹고 차 마시고 영화 보고 섹스 하는 것?

연애는 단순히 그런 의미만은 아닐 듯하다. 밥 먹고 차 마시고 영화 보고 섹스 하는 것도 연애의 범주에 들어가지만, 그것이 연애의 전부라고 말하기에는 뭔가 부족하다. 연애란 한 우주와 또 한 우주가 만나 새로운 세계를 만들어내야 한다. 서로 다른 맛의 식초와 겨자가 어우러져 새콤매콤한 맛을 만들어내는 물냉면처럼.

비슷비슷한 이름을 내건 무수히 많은 물냉면 집이 있지만 진정 물냉면의

맛을 제대로 낼 줄 아는 집은 많지 않다. 그런 것처럼 무수히 많은 연애를 하지만 진정한 연애를 경험하기란 쉽지 않다. 어느 때는 식초를 너무 많이 넣었고, 어느 때는 겨자를 너무 많이 넣었다.

자신의 세계에서 다른 세계를 잠시 엿보는 건 연애가 아니다. 연애란 내가 가지고 있던 세계가 애인의 세계를 만나 하모니를 만들어내는 것이 아닐까.

나쁜 남자 외면하기

뭔가 결핍된 남자가 좋았다. 간밤의 상념의 흔적인 턱수염을 드러낸 채 목적 없는 눈동자로 먼 곳을 바라보는 남자가 좋았다.
알밤처럼 매끈하고 속이 꽉 찬 남자는 어쩐지 내가 해줄 일이 아무것도 없는 것 같아 마음이 가지 않았다.
그런 이야기가 있다. 세상의 모든 딸들은 결혼 상대자를 찾을 때 아버지와 같은 사람을 꿈꾸거나, 혹은 아버지 같지 않은 사람을 꿈꾸거나 둘 중 하나라고. 아버지 같지 않은 사람을 꿈꿨던 나는 아버지 같지 않음의 요소로 결핍이라는 데 집중했던 걸까?
양친 부모님 다 계신 남자보다 편모편부 슬하에서 자란 남자, 평범한 중산층 남자보다 가난한 남자, 배려하는 성격보다 독선적인 성격의 남자가 거역할 수 없는 매력적인 모습으로 다가왔다.
흔히 '나쁜 남자'로 불리는 남자들. 내가 좋다며 열심히 구애하더니 사귀는 도중 다른 여자와 포옹하고 있는 모습을 나에게 들켰던 남자. 동호회 모임에서 알게 돼 서로 마음을 열어가며 사귀기 시작했다고 생각했을 때 다른 회원과의 염문으로 나를 당혹케 했던 남자. 드러내놓고 자신은 원 나잇 스탠드가 취미이며 결혼은 절대 하지 않겠노라고 말하던 남자도 있었다.
나쁜 남자의 결핍을 내가 채워줄 수 있지 않을까 생각했던 건 나만의 지나친 착각이었다. 나쁜 남자들의 공통점은 자신들이 가지고 있는 어떤 성향

이 여성들의 모성본능을 자극한다는 사실을 너무도 잘 알고 있다는 사실이었다. 그들은 그걸 무기삼아 여자를 다룰 줄 알았다.

나는 열렬히 사랑의 편지를 보내는 착한 남자를 외면하고, 있는 그대로의 내가 좋다는 성실한 남자를 외면하고 나쁜 남자에 빠진 대가로 혹독한 벌을 받았다. 실연의 쓴잔을 몇 번 마시면서 내 연애관이 처음부터 잘못돼 있음을 깨달았다. 또 남녀 사이에 한번 설정된 관계는 결코 바뀌지 않는다는 걸, 바꾸려 하는 마음 자체가 잘못이라는 걸 알게 됐다.

몇 번의 학습을 통해 이제 '저 남자는 이 점만 달라지면 참 좋을 텐데' 라는 생각이 드는 남자에 대해서는 연정을 품지 않기로 했다. 사랑은 교통사고 같아서 부딪히고 난 뒤에야 깨닫게 된다지만 가급적 조심조심, 아프지 않은 사랑을 찾을 수 있게 되길, 간절히 빈다.

혼자가 아니야

영원히 잊지 마세요.
그대는 혼자가 아니라는 사실.
비록 지금이 아니라해도
비록 그 언제일지 모른다해도.
우리에게는
미리 알고 정해주신 인연이 있다는 사실.
한 가지만 기도하기로 해요.
단 하나의 사람을 알아볼 수 있는
밝은 눈을 갖게 해달라고.

그대 속에 내가 있다

사람에게 두 눈이 있다는 건
두 눈 마주 보라는 뜻.
사람에게 두 손이 있다는 건
두 손 마주 잡으라는 뜻.

마주 본 눈,
마주 잡은 손,
그대 속에
내가 있다.

작은 관심

단단한 담벼락을
허물어뜨리는 건
조금씩 스며드는 습기와 바람.

언제나
필요한 건
작은 관심과 정성.

Part 3.

똑똑한 골드미스 재테크

"독립된 인생을 원한다면 경제적 독립부터"

바야흐로 재테크 전성시대가 도래했다. 골드미스의 경우에는 더욱 냉혹하다. 독립적인 인격체로서 자기 자신을 책임지기 위해서 가장 중요한 게 경제력이다. 지금이라도 늦지 않았다. 재테크는 누구도 대신해주지 않는다. 재테크에 대한 다양한 정보를 받아들이고, 그 중 내게 맞는 투자법을 찾아 실천하고, 폼보다는 실속을 차리는 생활자세가 필요하다.

당신도 혹시 '스뎅미스'?

20대에는 돈에 대해 큰 관심이 없었다. 엄밀히 말하면 돈에 대해 관심 가질 심적 여유가 없었다. 정글 같은 사회에서 어떻게든 뿌리를 내리는 게 지상최대의 관심이었다.

또 돈에 대해 관심을 보이는 것 자체가 속물스러운 일이라는 거부감도 있었다. 직업이란 것도 돈을 번다는 의미보다는 일을 한다는 자체에 대한 즐거움을 느껴야 하는 것으로 생각했다. 돈은 일에서 성공하면 자연히 따라오는 거라고 믿었다.

그러다보니 당연히 돈을 모으는 것에 관심이 없었다. 월급을 받으면 엄마께 생활비를 드리고 친구와 후배들에게 한턱냈다. 적금은 최소한만 넣었다. 그렇게 십여 년을 보내고 뒤돌아보니 나의 재테크 성적은 초라하기 이를 데 없었다. 그리고 때는 바야흐로 재테크 전성시대가 도래했다. 온 국민이 재테크에 전력질주하는 시대가 된 것이다.

부랴부랴 반성하고 새로운 패러다임을 짜야한다고 부르짖으며 재테크에 관심을 기울이기 시작한 지 3년여. 그동안 좌충우돌하며 잘못된 투자로 실패를 거듭했지만, 그 과정을 통해 앞으로 재테크를 어떻게 해야 할지 조금이나마 알게 된 게 성과라면 성과다.

일생을 살며 돈에 대해 초월할 수 있는 존재는 몇 명 되지 않는다. 대표적인 예가 종교인. 그러나 종교인들도 돈 때문에 언론에 오르내리는 현실을 생각

해보면 돈에 대해 초월해 살 수 있는 사람은 많지 않다고 해석해야 한다.

골드미스의 경우에는 더욱 냉혹하다. 독립적인 인격체로서 자기 자신을 책임지기 위해서 가장 중요한 게 경제력이다.

돈 보기를 돌같이 했더니 '스뎅미스'가 되고 말았다는 친구가 있었다. 골드도 실버, 브론즈도 아닌 스테인리스가 되고 말았다는 얘기다. 스뎅미스인 이 친구, 사회생활 10년 만에 독립을 하려고 보니 통장 잔고가 전세 얻기에도 터무니없이 모자란 형편이었다. 겨우겨우 서울 외곽의 작은 빌라를 전세로 얻는데도 얼마간 대출이 필요했단다. 그동안 재테크에 신경 쓰지 못한 데 반성하고 뼈를 깎는 심정으로 재테크 마인드로 무장하겠다는 각오도 밝혔다. 지금이라도 늦지 않았다. 재테크는 누구도 대신해주지 않는다. 재테크에 대한 다양한 정보를 받아들이고, 그 중 내게 맞는 투자법을 찾아 실천하고, 폼보다는 실속을 차리는 생활자세를 가지면 된다.

진정한 독립의 출발, 주택마련

어느 순간부터 주택유무가 골드미스와 노처녀를 나누는 기준이 됐다. 직장도 있고 집도 마련한 처녀라면 골드미스 대열에 당당히 명함을 내밀 수 있다.

집을 산다는 건 사회의 일원으로 당당히 뿌리내리겠다는 의지다. 물론 요즘에야 재테크 목적이 더 크긴 하지만 말이다.

결혼하지 않은 여성이 굳이 집이 필요할까 생각할 수 있다. 그러나 특별히 재테크의 노하우가 있지 않다면 가장 안정적인 방법이 주택마련이다. 요즘 부동산 경기가 냉각돼 부동산 투자의 시대는 끝났다고도 하고, 무주택이 상팔자라는 농담도 심심치 않게 들리지만 그거야 집이 여러 채인 사람에 해당되는 이야기다. 골드미스에게 주택은 일종의 보험이다. 집을 장만한 골드미스들의 공통된 의견은 바로 집을 장만하면 든든하다는 것. 집이 든든한 의지처가 돼준다는 얘기다.

서울 시내에 집을 장만할 만큼 종자돈을 마련해두었다면 좋겠지만 약간 돈이 모자란다면 경기도 일원으로 눈을 돌려보는 것도 괜찮다.

얼마 전 집장만을 한 Y 선배. 오랫동안 전세를 살다 최근 주택을 구입해 경기도 퇴계원으로 이사했다. 서울 시내 번화가에 전세를 살던 Y 선배는 2년마다 전세를 올려주는 게 몹시 귀찮게 느껴졌다. 가지고 있는 전세비용으로 집을 살 수 있는 곳을 알아보다 서울시내를 벗어나기로 했다. 그리고 퇴계원에서 20년 넘은 연립주택을 샀다. 내 집이 있다는 뿌듯함이 있고, 재테크의 한 방법이라고 생각하니 좋다는 그녀 Y 선배의 사례처럼 굳이 서울을 고집할 필요가 없다.

서부이촌동에 아파트를 가지고 있는 여자동기 S. 지금이야 서부이촌동이 재테크 중심으로 부각했지만 그녀가 아파트를 구입할 3~4년 전만해도 그곳은 교통이 다소 불편하고 낙후된 주거지였다. 그녀는 동부이촌동에 집을 사고 싶었으나 자신의 재정상태에 맞춰 인근 서부이촌동을 선택했다. 그리고 다양한 개발호재를 맞아 가격이 급상승했다.

결혼한 Y 선배. 그녀는 결혼 전 방송작가로 일하며 꽤 많은 수입이 있었지만 그만큼 씀씀이가 컸다. 독립해 살던 원룸은 시내중심가에 있는데다 시설도 좋아 월세며 관리비가 꽤 비쌌다. 그녀는 비싼 관리비도 마다하지 않고 그 집에서 꽤 오랜 기간 거주했다. 선후배들과 술자리라도 있는 날에는 "3차는 우리집으로 가자"를 호쾌하게 외치며 집으로 데려갔다. 편의점에서 맥주며 안주를 몇 개 사서 집으로 가서 우리는 또 왁자지껄 술을 마셨다. 그런 Y 선배가 결혼을 하더니 달라졌다. 재테크에 눈을 떴다. 허름한 5층짜리 아파트에서 신혼생활을 시작했지만 이사에 이사를 거듭한 결과 지금은 시내 50평대의 빌라에 거주하고 있다.

Y 선배는 이사를 두려워하지 않았다. 다른 친구들이 귀찮아서 엄두가 안 나서 변화가 싫어서 한자리에 꼼짝도 않고 앉아있을 때 Y 선배는 보따리를 싸서 이사를 감행했다. 열 번쯤 세다가 그 이후에는 귀찮아서 더 이상 세지 않았다. 그 부지런함이 바로 돈을 버는 자산이다.

재테크의 귀재들은 이렇게 말한다.

“집에 돈들이지 마라. 몇 천만 원씩 들여 뜯고 고치는 사람들 정말 이해가 안 된다. 그렇게 돈 들여놓으면 더 이사 가기가 힘들다. 아까워서 어떻게 이사를 가나. 언제라도 짐 싸들고 옮길 수 있을 만큼 집은 늘 최소한의 것만 해놓고 살아라. 그게 돈 버는 지름길이다.”

보험, 똑똑한 거 하나로!

결혼한 사람들은 말한다. 혼자여서 좋겠다고. 누구 책임질 일이 없으니 얼마나 편하냐고. 그럴 때면 싱글인 나는 이렇게 대답하곤 한다. 아무도 책임져주지 않는다는 게 얼마나 아찔한지 아느냐. 그대들은 그래도 비비고 기댈 언덕이 있는 셈이다. 싱글은 그만큼 더 노후를 열심히 준비해야 한다고.

다시 본론으로 돌아가서, 아파봐야 건강의 소중함을 안다는 말이 있다. 누구나 다 아는 사실이다. 그러나 정말 아파보면 아프다는 사실이 얼마나 엄청난 파장을 가져오는지 새삼 실감하게 된다.

아프면 아픈 것도 문제지만 돈이 많이 든다. 미국 드라마 '위기의 주부들'에서 수잔이 수술을 해야 하는데 의료보험이 없어 쩔쩔매다가 위장결혼을 시도하는 장면이 나온다. 물론 우리나라에서야 누구나 의료보험이 있기 때문에 현실감이 덜하지만 우리도 크게 다르지 않은 대목이 있다.

만약 그 수술이 보험이 적용되지 않는 난치병이었다면 어땠을까. 온갖 치료를 다 받아서라도 살고 봐야 한다. 그러나 만약 비용이 어마어마하다면. 치료비를 내고 난 뒤 돈이 한 푼도 남아있지 않는다면 얘기는 달라진다.

한때 종신보험이 유행한 적이 있었다. 종신보험에 가입하지 않으면 마치 대한민국에서 살아가는 국민의 자격이 없기라도 한 것처럼 너도 나도 종신보험에 열을 올렸다.

Y 선배의 보험담을 들어보자. 사실 아는 사람 중 보험업에 종사하는 사람이 없는 경우는 드물다. 아는 사람이 부탁하면 거절하기 어려운 게 사실. Y 선배, 누군가 부탁해오면 찔끔찔끔 들어놓은 보험이 무려 7개에 달했단다. 보험으로 나가는 돈도 꽤 많은 액수가 된 것은 물론이다. 이렇게 되니 나중에는 감당할 수 없을 지경이 됐다. 똑똑한 거 하나만 살리자. 그렇게 마음먹은 뒤 보험을 해부해보기 시작했는데, 그랬더니 진짜 쓸 만한 보험은 몇 개 안 되더란다. 그동안 넣은 돈이 아까웠지만 쓸모없는 보험들은 과감히 정리하고 똘똘한 놈 몇 개만 살려놨단다. 그랬더니 매달 나가는 돈도 확 줄었다.

Y 선배의 지론은 혼자일수록 자신의 건강과 관련된 보험은 꼭 필요하다는 것. 또 노후를 건강하게 지내고 싶다면 건강보험에 투자해야 한다고 조언한다. 그리고 자질구레한 보험 10개보다 확실한 보험 하나가 낫다.

노후 준비를 위한 금융상품은 내 성향에 맞게

언젠가는 결혼하겠지, 막연히 기대했던 시간이 있었다. 결혼하게 되면 그 남자가 내 노후를 책임져주겠지, 라고 어느 정도 느긋하게 생각했던 적도 있다. 그러나 결혼이라는 게 백화점에서 옷을 사듯 마음대로 할 수 있는 게 아니라는 걸 알게 되면서 노후 준비가 발등의 불로 다가왔다.

너무 늦은 게 아닐까, 조바심도 났지만 곧 "늦었다고 생각할 때가 가장 빠른 때다"라고 적혀있던 중학교 3학년 때 급훈이 떠올랐다. 그랬다. 열다섯 살 때도 너무 늦은 게 아닐까 생각하며 조바심을 느꼈다. 지금 열다섯 살을 되돌려보면 어리디 어린 나이지만 고등학교 입시를 앞둔 그때는 몹시 절박했었다.

나이가 쉰이나 예순쯤 되면 삼십대는 몹시 새파랗게 느껴질 게 분명하다. 그리고 그때 좌절하지만 말고 뭔가 새로 시작했더라면 좋았겠다고 생각할 게 틀림없다.

늙는다는 건 누구에게나 두려운 일이다. 그러나 아무런 대책 없이 늙는다는 건 더욱 두렵다. 우리는 결혼하지 않았고 앞으로 결혼을 하게 될지, 하지 않을지 확률은 반반이다. 결혼을 하게 된다고 해도 '여자를 먹여살리라' 고 강요할 수 있는 시대도 아니다. 자신의 노후에 대해서 스스로 책임지는 자세가 필요하다.

그렇다면 어떤 방식으로 노후를 준비할 것인가. 금융전문가들은 과거처럼 월급을 저축하는 방식은 바람직하지 않다고 입을 모은다. 1인 1펀드 시대니 뭐니 해서 펀드가 엄청나게 유행하고 있고, 직접 투자해 쏠쏠하게 재미를 봤다는 사람이 늘면서 주식 바람도 거세다.

여기서 잊지 말아야 할 것은 어떤 방법을 택하든 자기 자신에게 맞아야 한다는 사실. 누가 어떻게 얼마를 벌었다더라, 하는 '카더라' 통신에 휘둘리면 안 된다. 무수히 많은 정보의 홍수 속에서 어느 것이 내게 적합한 투자법인지를 알아내는 것 역시 자기자신의 몫이다. 그러기 위해서는 공부가 필요하다. 전문서적을 많이 읽고 전문가들에게 자문을 구하는 방법밖에 없다. 그러나 최종 결정은 자신이 내려야 한다. 물론 책임도 내게 있다. 강호의 무사들만 외로운 게 아니다. 투자자도 외롭다.

Freude.
neuen
Frühlings-
farben!
....die Farben des Frühlings
Fes
100 % Mako-Baumwolle
mercerisiert & gasiert
1,95
WOLLE
RÖDEL
FES
FES
FES
FES

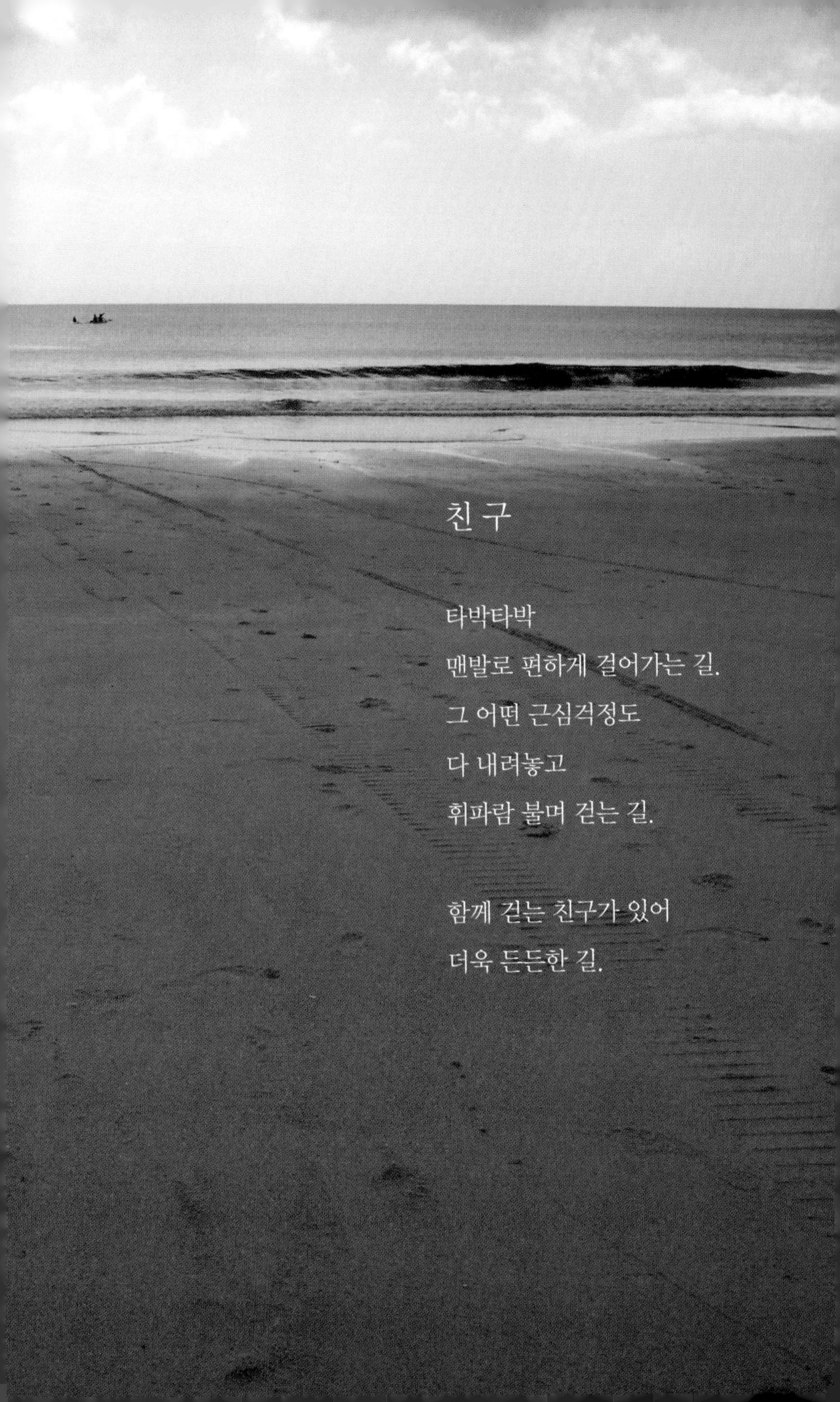

친 구

타박타박
맨발로 편하게 걸어가는 길.
그 어떤 근심걱정도
다 내려놓고
휘파람 불며 걷는 길.

함께 걷는 친구가 있어
더욱 든든한 길.

황금새

제 가슴속 당신은
깃털이 노란 황금새입니다.
눈빛은 매처럼 빛나고
가슴은 용암처럼 뜨겁죠.
당신의 노래는 제 영혼을
어느새 화사하게 바꿔주었네요.
부디 오래
내 곁에 머물러주세요.

푸른솔관광

운 나쁜 날

언제까지나 잘 뻗은 도로가
끝없이 이어져 있을 거라고
그렇게 믿는다.
그러나 어느날 예고도 없이
넘어지는 날이 찾아온다.

넘어지지 않으려 애쓰는 것보다
잘 넘어져야 하고
다시 일어나는 게 중요하다는 점에서
스키나 인생이나 마찬가지다.

작은 소망

지구 어느 한 구석이라도 좋다.
내 작은 몸 하나 편이 누일
침대 한 개, 방 한 칸, 집 한 채.

지친 하루의 피로를 풀고
다시 또각또각 세상을 향해
골목을 걸어나올 수 있으면
좋겠다.

안전하고 효과적인 주식투자

귀가 몹시 얇아 '습자지 귀', '팔랑귀'를 자랑하는 나. 여러 번의 검증을 거쳐 확고한 신념으로 자리잡은 일들에 대해서는 흔들림 없는 굳건함을 가지고 있다고 스스로 자부한다. 그러나 귀가 팔랑거리고야 마는 일들이 몇 가지 있는데 그게 바로 재테크와 관련된 것들이다.

현재 나의 재테크 성적표를 보면 초라하기 이를 데 없다. 나만의 데이터가 없으므로 남의 데이터를 무조건 흉내내보는 수준을 벗어나지 못했다. 쉽게 말하자면 '재테크 비기너' 단계인 것이다.

매일매일 '팔랑귀'를 나풀거리며 이런 저런 정보들을 주워듣는다. 팔랑귀를 자랑하기는 하지만 나에게는 오랫동안 지켜온 '삼세번의 법칙'이란 게 있다. 어떤 중대한 일을 결정할 때 반드시 삼세번 생각하는 법칙. 세 번쯤 생각해서 같은 결론이 나온다면 시행하는 나만의 의사 결정 방법이다.

재작년의 일이다. 효과적인 재테크 방법으로 떠오른 주식. 노후를 위해서 다양한 재테크를 시도해 보는 과정에서 주식은 외면할 수 없이 매력적인 재테크 중 하나였다. 회사에서 가장 가까운 곳에 위치해 있는 S증권에 가서 계좌를 텄다. 수수료가 싸다는 수많은 증권사를 놔두고 이곳을 선택한 게 단지 회사에서 가까워서, 라는 궁색한 변명을 대자 알뜰한 후배에게 질타를 듣기도 했다.

주식에 뛰어들었다고는 하나 사실 무엇을 어떻게 해야 할지 전혀 알지 못했던 나는 주변 사람들을 괴롭히기 시작했다. 먼저 K은행에 다니는 친오빠. 피를 나눈 형제지만 나와 외모가 무척 흡사하다는 사실 빼고는 비슷한 점이 없…지 않고 많다. 식성이며 성격이 무척 비슷하다. 재테크에 큰 관심도 열정도 없는 오빠에게 주식에 대한 정보를 요구했다. 오빠는 내게 A주식과 B주식을 권유했다. 나는 넙죽 주식을 샀다.

주식이 과열되고 과열된 시기였고 주식을 안하는 사람은 도무지 점심시간의 대화에서 낄 수 없는 때였다. 주식을 사고 한 달까지는 신기하게도 주가가 지속적으로 오르기 시작했다. 오 예스. 이 상태로 가다가는 월급을 능가할 지경이었다. 아, 이 재미에 사람들이 주식을 하는구나. 이대로만 간다면 회사에 사표라도 내게 될지도 몰랐다.

그러나 사람들이 회사를 때려치우지 않고 계속 다니는 데는 다 이유가 있었다. 한도 끝도 없이 오를 것만 같았던 주식은 어느 순간 곤두박질을 치더니 바닥을 모르고 떨어지기 시작했다.

주식을 하는 사람들에게 절대반지보다 더 절대적인 법칙이 있으니 10%가 빠지면 무조건 팔아야 한다는 거였다. 그러나 나는 10%가 빠졌지만 아까워서 던지지 못했다. 올랐던 때를 생각하니 아까워 더더욱 팔 수 없었다. 그리고 이때의 선택이 얼마나 잘못된 것이었는지 1년 동안 뼈저리게 체험했다.

주식은 10%를 지나 20%를 가뿐히 지나 50%까지 떨어졌다. 이렇게 되자 주식에 대한 관심이 싹 사라지면서 주식의 주자도 보기 싫어졌다. 1년여를 지난 뒤 주식은 서서히 회복되기 시작했다. 그리고 어느 날 -5%대로 근접했다. 조금 더 기다리면 0%에 도달했겠지만 나는 참을 수가 없었다.

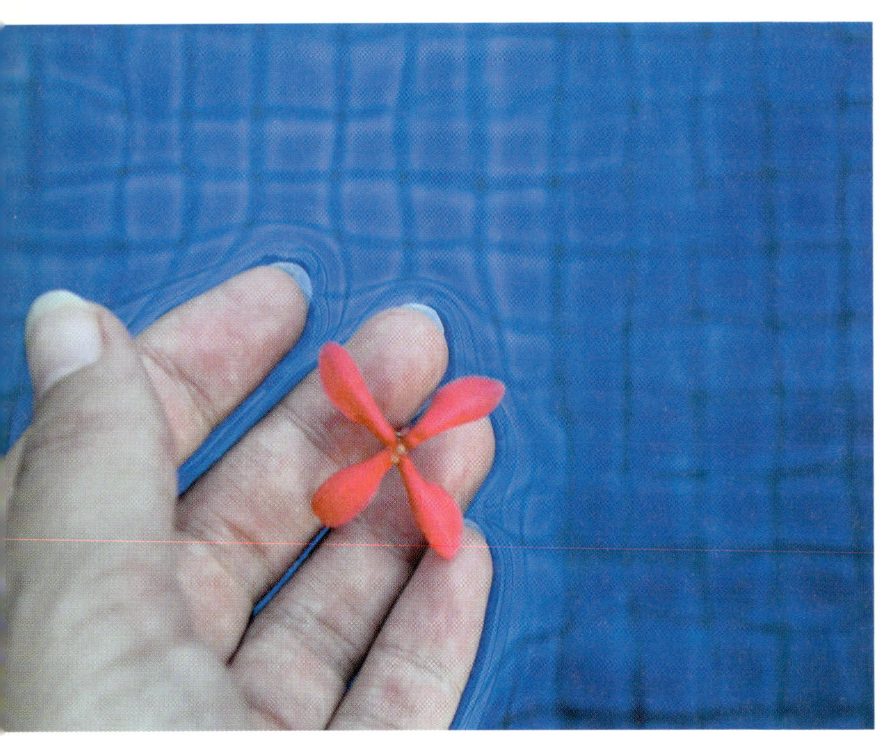

-5%에서 얼른 정리했다. 그러므로 나의 성적표는 1년여의 투자에 -5%. 꼴보기 싫어서 팔아버렸던 그 주식은 얼마 지나지 않아 모 회사의 인수설로 상한가를 쳤다.

이 초라한 성적표를 놓고 분석해본 결과 전업투자가가 아닌 이상 유행주로 수익을 얻기 어렵다는 결론. 가치주에 투자하는 게 가장 알맞은 투자법이라는 사실을 알게 됐다. 가치주가 아니라면 절대 투자하지 않겠다고 원칙을 세웠다.

지인에게서 전화가 온다.

"000주가 뜰 거 같은데…."

아, 귀 얇은 나는 또 고민에 빠진다.

바이 차이나

주식투자를 지속적으로 하는 후배 R에게 조언을 얻어 중국 주식에 관심을 갖기 시작했다. 중국의 성장세를 보면 중국주식이야 말로 가장 가치 있는 성장주라는 거였다.

강남의 증권사에 가서 계좌를 트고 돈을 적립해놓고 어떤 주식을 구입할까 고민하기 시작했다.

계좌를 트게 되면 담당자가 생긴다. 그 증권사에서 내 계좌를 지속적으로 관리해주고 조언해주는 사람인 것이다. 내 담당자는 펀드매니저 J 씨였다. J 씨는 계좌를 튼 후 내게 이런저런 조언을 해주었다. 그리고 종목도 추천해줬다. 중국 기업에 대한 지식이 전무한 나는 J 씨의 조언을 받아들여 주식을 구매했다.

같은 시간, 후배 R은 중국주식 동호회에 가입해 시간을 들여 기업을 공부했다. 후배 R 역시 J 씨에게 종목을 추천 받았지만 스스로의 판단에 의해서만 종목을 선택, 구입했다. 1년쯤 지나고 난 뒤 성적표를 열어보니 후배 R과 나의 성적표는 엄청난 차이가 났다. 물론 중국주식이 상승세라 수익률이 나쁘지는 않았지만 무조건 추천받은 주식을 구입한 것과 자신의 판단에 의해 구입한 것은 수익률 면에서 꽤 큰 차이가 났다.

나는 여윳돈이 생길 때마다 중국주식을 사고 있다. 예를 들어 일 년에 한 번쯤 나를 위한 선물로 명품 가방을 하나 사고 싶을 때 그 목돈으로 중국

주식을 사는 식이다. 일 년에 한번 들어오는 퇴직금 누진제 보상금 같은 돈이나 연말정산 환급금 같은 돈도 좋다. 딱히 큰돈이 아니어서 흐지부지 써버리기 쉬운 돈을 이용하면 된다.

현재 나의 투자는 순조롭게 수익을 내고있다. 워낙 중국 증시의 성장성이 좋았기 때문에 가능한 일이었다. 이제 나는 가지고 있는 주식들을 다시 재점검하고 우량기업을 선택해 다시 투자하려고 한다. 중국주식은 이익의 20%를 세금으로 내야 한다. 그러므로 자주 팔고 사는 건 그만큼 손해다. 심사숙고한 뒤 사고팔아야 한다.

금융전문가 친구 만들기

생업에 종사하다보면 그만큼 시장의 흐름과는 무관하게 살기 쉽다. 그래서 금융시장의 흐름을 읽고 그에 대한 조언을 해주는 전문가의 도움이 필요하다. 재테크에 대해 상담할 수 있는 금융전문가를 알고 있으면 여러 모로 좋다.

먼저 은행을 이용할 때 주거래 은행을 정해놓자. 주거래 은행을 통해 일정액 이상을 예치하면 은행의 프라이빗 뱅크를 이용할 수 있게 된다. 프라이빗 뱅크를 적극 활용하면 다양한 혜택을 받을 수 있다. 프라이빗 뱅크의 직원과 친해지면 그냥 은행을 이용할 때와 비교가 되지 않는다. 전반적인 금융상담을 터놓고 받을 수 있다.

주거래 은행인 K은행의 태평로지점 프라이빗 뱅크의 담당자인 K 대리. 나이도 비슷한데다 같은 싱글이라 그랬는지 몰라도 금세 친해졌다. 이후 무슨 일이건 금융 관련된 문제는 그녀와 상담하게 됐다. 그녀는 성심성의껏 자신이 알고 있는 지식을 알려준다.

증권사에 다니는 J 과장. 특히 중국주식 전문이라 중국주식과 관련된 다양한 정보를 물어볼 수 있다. 시장의 변화에 대해 메일이나 전화로 알려준다.

일 때문에 알게 됐지만 절친한 친구사이가 된 자산운용사의 B 대표. 큰 규모의 자산을 투자해 이익을 남기는 자산운용사 대표답게 경제에 대한 거

시적인 흐름을 읽는 법에 대해 조언해준다.

B 대표의 조언 중 가장 기억에 남는 말이 있다.

"재테크에 관해 다양한 정보를 들어라. 이런 정보 저런 정보 가리지 말고 다양하게 듣다보면 어느 순간 스스로 생각해봐서 합당하다고 느껴지는 정보가 있다. 이때 스스로의 판단을 믿고 투자하면 된다."

어떤 전문가라도 100% 완벽하게 예상할 수 없다. 다양한 정보를 듣고 최종 판단하는 사람은 나다. 금융에 관해 열심히 공부해야 할 이유가 바로 여기에 있다.

자투리 돈을 아껴라

술도 많이 마시지 않고 옷도 많이 사지 않는 내가

일생동안 가장 낭비한 돈이 있다면 단연 택시비다. 과거 몹시 걷기 싫어하는 병이 있던 나는 가까운 거리도 꼭 택시를 타고 다녔다. 광화문에서 종로3가까지 가야 한다면 두말할 나위도 없이 택시를 탔다.

야근 후 집에 갈 때도 당연히 택시. 야근 후에는 특별히 모범택시를 탔다. 힘든 일을 한 자신에 대한 보너스의 의미로.

야근한 날의 숫자만큼 택시를 탔으니까 내가 탄 택시만 해도 기백 대는 넘을 테니, 그 돈들을 차곡차곡 모았어도 꽤 큰돈이 됐으리라.

택시를 자제하게 된 건 한의원에 다니면서부터다. 한약을 지으러 간 동네 한의원에서 모 한의사는 내게 하체가 약해 기의 순환이 원활하지 않다고 했다. 평소 다리 움직일 일을 만들지 않았던 터라 뜨끔했다. 한의사는 내게 다리를 강화시켜주는 운동을 꾸준히 하라고 조언했다. 이렇게 해서 걷기 시작하면서 택시비도 절약하고 운동도 하는 두 가지 기쁨을 맛보게 됐다.

요 몇 년 사이 낭비하는 품목은 커피값이다. 스타벅스 커피와 커피빈 류의 커피전문점이 늘어나면서 커피는 식사 후 당연히 마셔야 하는 것처럼 돼버렸다. 점심 식사 후 소화를 시킬 겸 커피 한 잔을 마신다. 일주일에 5잔이면 2만 원, 한 달이면 8만 원. 하루 두 잔씩 마시는 날도 있으니 커피값만 아껴도 한 달에 10만 원짜리 적금을 하나 더 넣을 수 있다.

우리는 민족중흥의 역사적 사명을 띠고, 가 아니라 소비를 위해 태어났다고 할 수 있을 만큼 소비에 열을 올린다. 하루라도 책을 읽지 않으면 입에 가시가 돋는 안창호 선생과 달리 하루라도 소비하지 않으면 입에 가시가 돋는다. 하루쯤 소비하지 않는 날을 만들어보자. 매주 수요일은 소비하지 않는 날, 이런 식으로 어느 하루를 정하면 된다. 이날은 소비하지 않고 하루를 살아보는 거다. 의외로 하루도 소비하지 않고는 살기 어렵다는 사실을 알게 된다. 교통비나 식비는 어쩔 수 없다. 자전거를 타고 도시락을 먹을 필요까지야 없다. 대신 나머지 소비를 억제하는 거다. 습관처럼 마시는 커피나 음료, 과자나 떡볶이는 물론이고 기분전환용으로 자주 사는 귀고리나 머리끈 같은 것들. 꼭 소비할 필요가 없는데도 허전한 마음에 지갑을 여는 습관을 점검해본다.

나중에 가계부를 쓸 때 어디에 썼는지조차 모를 만큼 사소한 지출들. 이런 비용은 사실 큰돈은 아니지만 작은 돈을 관리하는 생활습관이 몸에 배야 경제감각이 길러진다.

돈 먹는 하마, 골드미스가 걸리기 쉬운 3대병

명품병

– 가방이 행복을 보장하지 않는다

골드미스들이 가장 갖고 싶어하는 품목인 명품.
모 백화점이 조사한 바에 따르면 골드미스들이 자기 스스로에게 기분전환용으로 선물하고 싶은 것이 명품이라고 대답했다고 한다.

한때 청담동에 위치한 회사에 다닌 적이 있다. 청담역에 내려서 사무실까지 걸어가는 대로에는 내로라하는 명품 브랜드와 디자이너 부티크가 줄지어 있었다. 청담동을 오가며 청담동스러운 사람들을 하도 많이 보다보니 자연스럽게 눈이 높아졌다. 청담동 명품숍들 속에 숨어있는 시장통에서 4,000원짜리 김치찌개로 점심을 먹을지라도 눈은 최고급 명품 유행을 한눈에 꿰뚫고 있다는 자부심으로 부풀어 올랐다.

그리고 보너스가 나오는 짝수달에 드디어 중대결심을 했다. 그래, 나라고 명품의 주인이 되지 말란 법은 어느 법전에도 없다. 명품숍으로 들어가 명품 지갑을 구입했다. 손바닥만 한 지갑을 들고 나올 때 뭔가 해냈다는 기쁨이 몰려왔다.

그러나 지갑을 사고 좋았던 기분은 한 달이 지나지 않아 사라지고 말았다.

누군가 그러지 않았는가. 인간의 적응력은 놀라워서 아무리 큰돈을 손에 넣더라도 금세 아무렇지 않아진다고.

명품 역시 마찬가지다. 하나의 명품을 손에 넣음으로 인해 생기는 기쁨은 틀림없이 유효기간이 있다. 그 유효기간이 끝나면 또 다른 명품을 통해 기쁨을 얻어야 한다.

내가 그 명품과 똑같은 업그레이드된 인생을 살 수 있을 것 같은 환상은 환상에 지나지 않는다. 주크박스에 동전을 넣으면 나오는 노래는 언젠가 그친다. 노래를 오래 즐기고 싶다면 스스로 노래를 부를 줄 아는 사람이 돼야 한다.

점집병
– 내 인생은 내가 결정하자

매달 다양한 친구들을 만난다. 조용한 만남도 있고 시끄러운 만남도 있다. 단둘이 만날 때도 있고 열 명도 넘는 모임도 있다. 다양한 만남만큼 다양한 화제가 있어야 마땅하지만 현실은 불행히도 그렇지 않다.

여자 친구들과의 모임에서 나눈 대화들을 곰곰 분석해봤더니 주제가 대략 3가지로 압축됐다. 1 남자, 2 돈, 3 점집.

1번과 2번의 주제를 아우르는 강력한 포스를 발휘하는 게 점집이다. 왜냐면 예측 불가능한 미래를 명쾌하게 예측해주는 게 점쟁이 아닌가. 용한 점집에는 뭔가 거역할 수 없는 이끌림이 있다. 점집을 찾아다닌 기억을 떠올려본다. 구파발 처녀도사. 나보다 무려(!) 세 살이나 어렸으면서 꼬박꼬박

반말로 이야기하던 처녀도사는 내게 내년에 남자가 나타난다고 했다. 남자의 특징에 대해서도 무척 소상히 알려줬다. 중키에 스웨터를 입은 자상한 남자라고 했다. 핫핫. '자상한' 이라는 대목에서 어찌나 마음이 훈훈해졌던지. 그것도 먼 미래가 아닌, 바로 내년에 나타난다지 뭔가. 그날 이후 소개팅 자리에 나가서는 그 남자가 어떤 옷을 입었나 유심히 살피는 이상한 버릇도 생겼었다. 저런 옷도 스웨터에 속하는 건가, 라면서 스웨터의 정의에 대해서 다시 재고해보기도 했다. 그러나 결국 스웨터 입은 남자는 나타나지 않았다.

두 번째 점집. 대기업 사모님처럼 교양 있어 보이는 외모를 한 중년의 여성이었다. 그녀는 나를 보더니 '결혼운이 있긴 한데 본인이 노력해야 한다' 는, 평범한 진리를 무척 비범한 목소리로 이야기했다. 또 남자를 멀리 찾으면 안 된다고 했다. 가까이 있는 남자를 찾으라며. 어찌나 비범한 분위기였던지 감명 깊게 마음에 새겨놓고 신주단지 모시듯 했는데 이 말을 전해들은 후배가 '그건 너무 당연한 얘기 아닌가요' 라고 말해 내 감정을 상하게 만들었다.

세 번째 점집. 결혼이 성사되지 않는 이유는 억울하게 돌아가신 조상의 넋을 위로해주지 않아서 조상들이 결혼을 방해한다고 했다. 그래서 돈을 들여 제사상을 차려놓고 넋을 위로해주어야 한다는 말이었다. 아무리 날라리 신자라고는 해도 엄연히 세례를 받은 천주교인인터라 점집을 다닌다는 자체로도 고해성사를 몇 번 해야 할 마당이니 제사 운운은 간단히 무시하고 집으로 돌아왔다.

세번의 점집을 끝으로 점과는 종지부를 찍었다. 미래가 아무리 궁금하다

한들, 또 미래에 엄청난 일이 닥친다 한들, 만일 일어날 일이라면 내 힘으로 막아볼 도리가 없다는 걸 안다. 또 마땅히 그렇게 될 일이라면 그렇게 되겠지. 마음을 바꾸고 난 뒤 점집의 유혹에서 벗어날 수 있게 됐다.

우리나라에서 점쟁이는 일종의 카운슬러다. 여리디 여린 영혼들에게 삶의 용기와 희망을 전해주는 카운슬러. 그러나 잘 만나면 카운슬러고 잘못 만나면 도둑이다. 인간에 대한 예의를 갖추지 못한 점쟁이들도 수두룩하다.

나는 우리나라에 좀더 다양한 방식의 상담소가 생겨나야 한다고 믿는다. 맏며느리 상담소, 재수생 상담소, 이혼남녀 전문상담소, B형 남자에게 차인 여성 전용 상담소 등등. 그래서 상담소 가는 일이 찜질방 가듯 쉽고 편안한 일이어야 한다. 찜질방에 가서 몸의 때를 벗기듯, 상담소에 가서 영혼의 때를 벗겨야 하는 것이다.

그러나 현실은 그렇지 않다. 몸의 때가 조금이라도 보인다 치면 질색을 하면서도-노숙자들을 대하는 우리의 눈길을 생각해보라-마음의 때는 전혀 신경을 쓰지 않는다.

마음의 때 역시 자주 벗겨주지 않으면 손쓸 수 없는 지경이 되고 만다. 상담소가 적은데다 정신병원이 주는 삭막한 이미지 때문에 갈 곳이 없는 영혼들이 점쟁이를 찾는다.

그렇다면 점쟁이에게 상담자격증을 따야만 점쟁이 자격을 내주면 어떨까. 그래서 인간에 대한 예의를 가진 점쟁이가 상처받은 영혼들을 다독여주는 그런 시스템이 되면 어떨까. 점집이라고 하지 말고 미래상담소라고 하면 근사하지 않을까.

성형병
–늙는 게 정상, 주름에 집착하지 말자

요즘 세상에는 나이 든 게 죄다. 아니 엄밀히 말하면 나이 들어 보이면 죄다. TV를 틀면 나이를 가늠하기 어렵게 팽팽한 얼굴을 자랑하는 연예인들이 가득하다. 데뷔한 지 이십 년이 넘는 여자 연예인들이 데뷔 초기보다 더 팽팽한 모습으로 화면을 장식한다. 그 모습을 보노라면, 늙지 않는 게 정상이라는 생각까지 든다.

골드미스들의 최대 고민은 늙음이다. 똑같은 나이인데 TV 화면 속 여성들은 십년쯤은 더 젊고 팽팽해 보인다. 이럴 수는 없다. 게다가 아직 결혼도 하지 않았는데 절대 늙을 수 없다는 오기까지 생긴다.

성형수술이 이제는 시간을 멈춰주는 미다스의 손으로 각광받고 있다. 의사들은 눈밑 다크서클을 없애거나 볼에 지방을 넣으면 몇 살은 더 어려보인다고 부추긴다. 주름을 없애주는 보톡스도 성행한다.

문제는 성형을 한 번 받는다고 해서 노화가 멈추는 건 아니라는 사실이다. 성형도 중독된다. 더 예뻐지고 싶고 더 젊어지고 싶은 병.

눈과 코를 했더니 이마를 통통하게 만들고 싶더라고 고백했던 후배가 있다. 조금씩 성형수술을 통해 얼굴을 고칠 때마다 예뻐지는 모습에 스스로 빠져들게 되더라는 것이다.

만약 얼굴을 무기로 먹고 사는 연예인이라면 성형수술을 굳이 말리고 싶지는 않다. 또 지나치게 작은 눈 때문에 세상이 좁아 보인다면 그것까지야

막을 순 없겠다. 그러나 자신의 얼굴을 도화지 삼아 새 세상을 창조하고 싶어지는 단계라면 심각하다.

주름도 마찬가지다. 보톡스를 맞으면 주름이 없어진다지만 문제는 효과가 6개월 정도밖에 지속되지 않는다는 거다. 주름이 하나씩 늘어나는 건 몹시 스트레스지만, 그 스트레스를 받아들이며 나이듦을 인정해야 한다.

조금 벌어 조금 쓴다고 조금 행복한 건 아니다

그런 우화가 있었다. 돈을 열심히 버는 한 남자에게 누군가 물었다. 당신은 왜 돈을 법니까. 돈을 벌어서 은퇴해서 강가에 집을 짓고 인생을 만끽하면서 살려구요. 그러자 그가 물었다. 지금 당장 그렇게 살 수 있는데 왜 그렇게 하지 않지요?

아침이면 눈 비비고 일어나 출근을 하고 저녁 해가 기울어야 집으로 돌아오는 생활을 반복하다보면 덩달아 인생에 대한 원론적인 질문이 이어진다. 왜 일하지? 왜 아무리 일해도 행복해지지 않는 걸까?

처음 사회생활을 시작했을 때는 원고지에 볼펜으로 기사를 썼다. 빨간 칸이 그려진 원고지에 꾹꾹 눌러 쓰다가 틀린 글자가 생기면 구겨버리고 새로 썼다. 이런 방식이었으니 자판을 톡톡 두드리는 지금보다 얼마나 시간이 많이 걸렸겠는가. 그러나 희한하게도 그때의 야근시간이 지금보다 훨씬 적었다.

월급도 마찬가지다. 첫 월급이 80만 원 정도였다. 지금 생각하면 그 돈으로 어떻게 살았나 싶지만, 그 돈으로 엄마 용돈도 드리고 친구들과 술도 마시고 책도 사고 저축도 했다.

지금은 그때보다 월급이 몇 배 많아졌지만 그렇다고 엄청나게 풍요로워졌다는 느낌은 들지 않는다.

얼마만큼의 돈을 벌어야 만족할 것인가. 일단 자신의 목표치를 구체적으로 아는 게 중요하다. 내가 얼마를 벌면 어디쯤에서 달리기를 멈추고 걷기 시작할 것인가에 대해 계획해놓아야 한다.

마라톤도 목표점이 있다. 그 목표점을 향해 달려가기 위해 속력을 조절한다.

최근 설문조사에 의하면 얼마 정도를 가져야 부자라고 생각하느냐는 질문에 50억 원을 꼽았다고 한다.

50억 원이 왜 필요한지 스스로에게 질문해본다. 왜 필요할까? 뭐에 쓰려고? 명품? 눈 질끈 감으면 지금도 살 수 있다. 해외여행? 크리스마스를 해외에서 보내는 건 그렇게 어렵지 않다. 매달 꼬박꼬박 월급을 받고 있고 부양해야 할 자녀도 없으니까.

노후를 편하게 보내기 위해서 필요하다? 미래사회에 어떤 일들이 벌어질지 알 수 없지만 노후를 편안하게 보내기 위해서 50억 원이나 되는 거금이 필요할까? 과연 50억이 있으면 나는 노후에 행복을 보장받을 수 있을까?

인생은 아무도 예측할 수 없다. 먼 훗날 50억 원이 없어서 눈물을 흘리게 되는 날이 올지도 모르지만 50억을 버느라 인생의 가장 혈기왕성한 시기에 꽃도 나무도 보지 못하고 돈만 벌며 지내고 싶지는 않다. 미래를 위한 돈의 목표를 반의 반의 반쯤으로 줄이고 꽃과 나무를 보는 데 몇 시간쯤 내보는 건 어떨까.

나에게 이야기한다.

적게 벌어서 적게 쓴다고 조금 행복한 건 아니다.

한 톨의 쌀

쌀 한 봉지 사러
가게에 갑니다.

눈부시게 하얀
쌀 한 톨 앞에서
잠시 머뭇거립니다.

봄부터 가을까지
쌀 한 톨을 위해
농부가 흘린 땀은 얼만큼일까요.

우리는 모두
쌀 한 톨 앞에
부끄럽지 않은 사람이
되어야 합니다.

1300R

포춘 텔러

내가 어디에 서 있는지
또 무엇을 해야 하는지
분명히 알고 있는 당신이라면

절망과 고통의 시간을 견디고
걸어갈 수 있을 거예요.

세월

지금 거울을 들여다보는 당신,
그 모습 그대로
행복하세요.
더 예뻐진 다음에,
더 부자가 된 다음에라고 말하지 마세요.
행복은 목표가 아니니까요.

MS. CABERNET
MS. CHARDONNAY

Part 4.

사회교과서가 알려주지 않는 사회생활

“연기와 정치는 연기자와 정치인의 전유물이 아니다”

매일 매일이 서바이벌 게임이다. 군복을 입지 않았기 때문에 인식하지 못하고 있을 뿐이다. 회사가 전쟁터라는 사실은 여성보다는 남성들이 더 잘 인식한다. 그러므로 전쟁터에서 살아남는 요령도 남성들이 한 수 위다. 당신이 퇴근 후에 스파게티를 먹으며 친구들과 점을 뺄까 말까 수다를 떠는 사이, 당신의 남자 동료는 회사 상사와 소주잔을 기울이며 상사의 지루한 무용담을 박수치며 들어주고 있을지 모른다.

회사는 전쟁터

매일 매일이 서바이벌 게임이다. 군복을 입지 않았기 때문에 인식하지 못하고 있을 뿐이다. 눈과 입에서 뿜어져 나오는 강력한 레이저는 총알보다 더 깊이 상대의 가슴을 파고든다.

회사가 전쟁터라는 사실은 여성보다는 남성들이 더 잘 인식한다. 그러므로 전쟁터에서 살아남는 요령도 남성들이 한 수 위다. 임원이나 간부급까지 올라간 여성 상사가 거의 없다는 것이 이런 사실을 말해준다. 전쟁터라는 사실을 간과하고 있다가 누군가의 총에 맞았을 것이다.

물론 과장된 면도 있지만 어느 정도 사실이다.

당신이 퇴근 후에 스파게티를 먹으며 친구들과 점을 뺄까 말까 수다를 떠는 사이, 당신의 남자 동료는 회사 상사와 소주잔을 기울이며 상사의 지루한 무용담을 박수치며 들어주고 있을지 모른다.

명절날 당신이 친구들과 콘도로 놀러가 와인을 마시고 있는 그 시간에 당신의 남자 동료는 회사 상사의 집에 갈비선물세트를 들고 찾아가 수줍게 내밀고 있을지 모른다.

그렇다고 스파게티를 먹지 말고 상사와 저녁을 먹으라는 얘기가 아니다. 당신이 퇴근 후나 혹은 휴일을 즐기고 싶은 건 몹시 당연하며 그래야 마땅하다. 대신 회사에서 일하는 시간만큼은 전쟁터에서 생존하기 위해서 최선을 다해 싸워야 한다는 말이다. 만약 당신이 간부로 승진하고 싶은

마음이 눈곱만큼도 없다거나 당장 내일이라도 멋지게 사표를 던지고 회사를 그만둘 만큼 경제적 능력이 된다면 그럴 필요가 없겠지만 최고 자리에 올라가고 싶다든지 혹은 절대 그만둘 수 없는 상황이라면 그래야 한다는 거다.

전쟁은 왜 해야 하지? 난 전쟁 따윈 하고 싶지 않다고 얘기하는 건 아무 소용이 없다. 당신은 이미 전쟁터에 서있고 총알이 여기저기서 날아오고 있으므로.

회사는 조직이다. 어느 조직이나 위아래가 있다. 평등한 관계를 만들기 위해 직급을 없앤 회사도 있지만 명함속의 직급만 없어졌을 뿐 내부에서는 엄연히 서열이 존재한다.

남성들이 조직에 강한 이유는 아마도 군대를 경험했기 때문일 것이다. 남성들은 이름도 성도 나이도 학벌도 필요 없이 오직 '짬밥'으로 평가되는 조직 안에서 생활하면서 상하관계에 대해 몸으로 체득한다.

여성들은 조직의 생리에 약하다. 물론 능력을 타고난 여성이 간혹 있다. 남성보다 더 능수능란하게 조직에 적응해 살아남는 여성도 있다. 그러나 이런 경우는 무척 드물다. 대부분은 조직은 무슨 조직, 내 일만 잘하면 그만이지, 라고 생각한다. 직장생활에서 사실 가장 기초가 되는 건 자신이 맡은 업무를 잘 수행해내는 것이다. 업무능력으로 ABCD를 평가받는 것이 지금까지 익숙했던 학교식 평가법이다. 업무능력으로 순위를 매긴다면 대부분 여성들은 상위를 차지하겠지만 사회에서 점수를 주는 방식은 학교와 다르다.

업무능력은 기본중의 기본. 조직에서 점수를 잘 받으려면 흐름을 읽을 줄 아는 눈이 필요하다. 누가 파워의 핵심이고 누가 퇴출의 대상인지, 또 누가 누구의 라인인지.

파워 있는 상사에게 잘 보여서 출세하라는 얘기가 아니다. 출세까지는 아니더라도 최소한 눈치코치를 발휘해 퇴출 후보와 함께 도매금으로 찍히는 불상사는 당하지 말아야 한다.

회사는 냉정하며 변명의 기회를 주지 않는다.

절대 포기하지 말자

20대는 사회에 적응하기 위해 고군분투하는 시기다. 대학을 졸업하고 그토록 원하던 취업전선에 뛰어들어 어떻게든 적응해야 하기 위해 전력질주했다. 사회생활을 시작한지 10년쯤 넘어서면서부터는 업무에 대해서도 어느 정도 익숙해졌고 조직에 대해서도 조금은 알 것 같았다. 자갈밭을 지나서 고속도로까지는 아니어도 적어도 국도 정도는 진입했다고 믿었다.

그러나 그런 마음도 잠시, 사회생활에 결코 탄탄대로란 없음을, 잠시도 마음을 놓을 수 있는 순간이란 회사 문을 영원히 나오는 시간 외에는 없음을 다시 느낀다.

경력이 쌓이면 쌓인 대로 그만큼의 책임이 어깨에 얹어진다. 그만큼의 하중을 견디라고 월급액수가 늘어나는 것이다.

아침에 밥 대신 하루의 다짐을 듬뿍 먹으며 출근하지만 회사에서의 생활은 다짐처럼 흘러가지 않는다. 여기저기서 터져나오는 해결해야 할 문제들, 상사의 매서운 질책, 마음대로 따라주지 않는 후배들까지. 하루는 머리를 딱따구리처럼 쪼아댄다.

회사라는 조직을 견딘다는 게 몹시 힘겨워 포기하고 싶은 마음이 들었던 어느날, 회사 옥상에서 한 선배에게 속마음을 털어놓았다.

"힘들어서 그만둘까봐요. 대책은 없지만 쉬면서 생각하면 길이 생기지 않을까요."

그때 그 선배는 단호하게 말했다.

여자가, 그것도 나이가 있는 여자가 재취업하기란 코끼리가 바늘구멍 들어가기보다 어렵다는 내용이었다. 그리고 직장인으로서 여자가 남자들에게 배워야 할 것은 그 어떤 일이 있어도 결코 회사를 그만두지 않는 본능이라고.

퇴사를 종용하며 책상을 복도에 내놓아도 복도에 놓인 책상으로 꿋꿋이 출근해 몇 개월 만에 다시 자기자리를 찾았다는 모 샐러리맨의 이야기를 들으면 대부분 여자들은 '그렇게까지 해야 하나 치사하게' 라고 생각한다. 그러나 회사에서 영향력을 행사할 수 있는 최후의 자리는 악착같이 살아남는 남자들의 몫이라는 사실을 알고 나면 생각이 달라진다.

그러므로 여자들이여! 살아남아야 한다, 포기하지 말고 악착같이.

CEO 노트

회사라는 조직은 피라미드처럼 생겼다. 맨 처음 신입 사원이라는 꼬리표를 달고 회사에 들어가게 되면 부푼 마음 때문에 잘 보이지 않지만 조금 정신 차리고 들여다보면 조직은 완벽한 피라미드 형태의 구조를 지니고 있다.

올챙이처럼 오글거리는 신입사원들이 피라미드의 맨 하위층을 차지하고 있다면 맨 위는 샐러리맨들의 소망인 CEO의 자리다.

피라미드의 아래쪽에 위치하고 있을 때는 그 자리에 맞는 생각밖에 하지 못한다. 아니 그 자리에 맞는 생각을 하기에도 벅차다.

그러나 이때야말로 회사의 어떤 관습에도 얽매이지 않고 객관적으로 회사를 판단할 수 있는 시기이기도 하다. 새로 이사를 가게 되면 동네를 꼼꼼이 살피게 되지만 적응해 손바닥 보듯 훤해지고 나면 아무것도 관찰하지 않게 되는 것과 비슷한 이치다.

만약 회사의 CEO가 되는 꿈을 가지고 있는 당신이라면 CEO 노트를 매일 작성해보도록 하자. 매일 회사에서 겪은 일들과 업무처리의 비효율성이라든지, 효과적인 방법들 등을 적어두는 거다. 미래의 CEO인 자신에게 하고 싶은 말도 괜찮다. 내가 지금 CEO라면 그렇게 안하겠다는 내용도 좋다. 뭐든 훗날 읽어보면 이정표가 되어줄 것이다.

아주 오래전, 형용사 사전을 만들겠다는 후배가 있었다. 우리말에 형용사

가 얼마나 적은지 기사를 쓸 때마다 늘 부족한 형용사 때문에 머리를 쥐어 뜯어야 했던 것이다. 그 후배가 그때 만들기 시작했더라면 지금쯤 아주 유용하게 쓰였을지도 모른다.

CEO 노트. 지금 CEO에게 느끼는 불만, 내가 CEO라면 어떻게 하겠다는 식의 이야기들을 하나하나 적어두면 CEO가 됐을 때 지혜롭고 일 잘하는 CEO가 될 것임은 분명하다.

여성성 VS 남성성

고등학교 때 두 명의 여자 선생님이 있었다.

성격이며 인생관이 매우 달랐던 두 선생님은 남자에 대한 가치관도 무척 달랐다. 한 명의 여선생님. 여자는 무조건 여우처럼 살아야 한다고 늘 강조하셨다. 먹어도 못 먹는 척, 할 수 있어도 못하는 척. 힘든 일은 무조건 남자를 시키라고. 또 한 명의 여선생님은 평소 집안의 못 박는 일도 직접 하신다고 했다. 그 여선생님의 지론은 "죽으면 썩어질 몸뚱어리 아껴서 뭐하리"였다.

두 여선생님의 극명한 차이가 당시 고등학생이던 나에게는 상당한 혼란으로 다가왔다. 어느 때는 '척' 하는 게 좋겠다는 생각이 들다가 어느 때는 남자 못지않게 씩씩해야 한다는 생각이 들었다.

이십대까지는 남자와 여자가 뭐가 다르냐고 생각하는 쪽이었다면 지금은 남녀의 차이를 인정하는 쪽이다. 여자라서 이건 못하고 저건 못하고 식의 사고는 무척 싫지만 그렇다고 남녀의 신체의 차이를 무시하고 남자만큼 술을 마실 수 있어야 한다든지 남자만큼 힘을 써야 한다고 생각하지 않는다.

게다가 남성성과 여성성이라는 것도 있다. 목표지향적인 남성성과 관계지향적인 여성성은 남녀 성별의 차이와 무관하게 성향의 차이로 존재한다.

M잡지사 편집장으로 일했던 친구 Y. 막 사회생활을 시작한 스물네다섯 살쯤 만나 지금까지 우정을 이어오고 있다. 사회초년생 시절에는 짧은 커

트 머리에 중성 같은 이미지를 풍겼다면 지금은 웨이브 머리에 부드러운 미소를 짓는 여성스러운 여성으로 변화했다. 그 변화의 배경에는 섬세하고 다감한 그녀의 남편이 존재한다.

그녀는 "여성스러움은 결코 나쁜 게 아니었는데 그동안 너무 경직돼 살았어. 의식적으로 남성들과 경쟁하느라 진을 뺐다고나 할까. 여성보다 더 여성스럽고 섬세한 남편과 생활하면서 이제야 여성과 남성이 대결구도가 아니라는 걸 인정하게 됐어. 그리고 여성스러움이 얼마나 위대한지 새삼 느껴."

이때의 여성스러움이 '난 여자라서 이런 건 못해요' 식의 '약한 척' 이 아니라는 건 분명하다. 세상을 보다 평화롭고 온화하게 만드는 일, 그것이야말로 여성성의 위대함 아닐까.

따로 또 같이

비슷해 보이지만
결코 같지 않은
저 파이프들처럼

같은 듯 다른
사람 속 사람들.

사회 속에서
당당히 내 몫을 하는
그런 여자가 아름답다.

꿈

나에겐 꿈이 있어요.

크고 환한 꿈.

현실이 아무리

나를 뒤흔들어도

결코 손에서 놓지 않을 거예요.

나의 꿈.

나의 인생.

내려놓기

누구나 조금씩은 혼자고
누구나 조금씩은 외롭고
누구나 조금씩은 슬프다

유독 나만 더 그러하다고
자꾸 조바심치는 마음을
이제 그만 내려놓고 싶다.

흐르고 흐르다보면 결국에
바다에서 만나는 저 물처럼
나 역시 우주의 어느 지점을 향해
흐르고 있는 중일 테니까

매너리즘 극복하기

신입사원으로 들어왔던 후배가 3개월 만에 회사를 그만뒀다. 청운의 꿈을 안고 회사문턱을 넘은 후배는 어렵다는 취업을 포기하고 다시 취업준비생으로 돌아갔다. 후배는 자신이 원하던 일을 하는 곳이 아닌 것 같아 그만둔다고 했다. 자신이 꿈꾸던 그곳이 아닌 것 같다고. 그 친구가 고민하며 회사를 그만둔 순간 잊었던 나의 사회초년병 시절이 떠올랐다. 그때의 나는 철없고 무모했고 젊었다. 언제든지 사표를 쓸 준비가 돼 있었다. 지금은 컴퓨터에 저장된 사표를 출력하기만 하면 되지만 예전에는 하얀 종이에 사직서를 쓰는 비장함이 있었다.

매일 사표 쓰는 꿈을 꾸던 그때가 그립다. 지금은 사표에 대한 충동을 억누르는 100가지 방법 따위를 생각한다. 그만둘 수 없는 이유를 100가지쯤 대곤 한다. 난 그 후배의 젊음이 부러웠다. 나도 그랬던 때가 있었는데 내 엉덩이를 이토록 무겁게 만든 건 무엇이었을까? 순도 100%의 지방덩어리?

지난 일은 금세 잊힌다. 일상에 권태가 찾아오는 것은 그런 이유다. 첫 마음을 잊어버리기 때문. 권태는 청태가 끼듯 천천히 그러나 위협적으로 물을 흐린다. 진흙을 뿌려주는 것만으로는 해결되지 않을 때도 있다.

일본 한 극단의 복도에 붙어있는 경구는 그런 의미에서 가슴 서늘한 마음가짐을 만들어준다.

'한 음이라도 떨어졌다면 나가라, 매너리즘에 빠졌다면 나가라.'
매일매일 실력을 닦고, 매너리즘에 빠지지 않게 자기 자신을 시퍼렇게 날 세우라는 경고.
굳이 극단의 배우들뿐 아니라 우리 모두에게 해당되는 이야기다.
오늘 하루 늘 하던 대로 관성의 법칙에 따라 움직이지 말고 첫 마음으로 처음 입사했을 때의 그 마음으로 다시 시작해보기로 작정한다.
매너리즘에 빠졌다면 나가라.

경고

한음이라도 떨어진 자 나가라,
매너리즘에 빠졌다면 나가라.

일본의 한 극단
복도에 붙여진 경고문.

굳이 배우가 아니더라도
잊지 말아야할 경고.

매너리즘에 빠졌다면 나가라.

慣れ＝去れ
一音落とす者は、去

연기력과 정치

몇 년 전 영화배우였다가 미술가가 된 K씨를 인터뷰할 때였다. 연기와 미술, 얼핏 전혀 어울리지 않을 것 같은 분야였는데 그녀는 자신이 미술을 하는데 연기력이 무척 도움이 된다는 이야기를 들려줬다.

미술에 연기력이 왜 필요할까?

그녀는 전시회 기금을 따기 위한 프레젠테이션에서 그 기금을 꼭 받아야 하는 이유를 절절하게 설명하면 그렇지 못한 사람보다 기금을 받을 확률이 높아진다고 했다. 또 자신의 작품 세계를 설명할 때도 연기력이 부족한 사람보다 더 생생하고 효과적으로 상대방에게 전달할 수 있다고 덧붙였다. 그녀는 미술뿐 아니라 인생 전반에 걸쳐 연기력을 갖추고 있으면 여러모로 도움이 된다고 강조했다.

주변의 사람들을 떠올려봤다. 회사에서 유난히 사람이 많이 따르고 인기 있는 사람과 아무도 함께 있고 싶어하지 않는 사람. 두 사람의 차이는 사람을 대하는 태도의 차이인데, 엄밀히 따지면 이 태도가 바로 연기력에 해당할 것이다.

만약 회사생활에 연기력이 큰 도움이 된다는 사실을 일찌감치 알고 배우고 익혀서 실행했더라면 인간관계 때문에 괴로워 흰머리가 생길 지경이었던 수많은 상황들을 보다 부드럽게 넘어갈 수 있었을 것이다.

정치 역시 마찬가지다. 정치력이 있으면 회사생활이 몇 배 수월해진다. 회사 내부의 힘이 어떤 식으로 작용하는지 분명히 알아야 하며, 또 그에 맞는 대처법을 가지고 있어야 한다.

"난 100% 순수한 사람이라서 정치 따위는 절대 안한다"는 얘기는 곧 사회성이 떨어진다는 고백의 다름 아니다.

일 잘하고 야무지고 똑똑한 여자들이 직급의 피라미드에서 상위로 올라가지 못하고 스르르 사라져 버리는 가장 큰 이유는 연기력과 정치력의 부족 때문이다. 대다수의 여성들은 너무 쉽게 자신의 감정을 드러낸다. '정치 안하는 순수한 영혼의 소유자'를 자랑하며 싫은 상사에게 싫은 티를 내며 항거하다 급기야 '이 꼴 저 꼴 보느니 내가 관두고 말지'의 수순으로 이어진다.

쉽지 않은 회사생활, 가시밭길 헤치며 여기까지 달려온 보람을 찾으려면 살아남아야 한다. 살아남아야 이야기할 수 있고, 살아남아야 보여줄 수 있다. 사표는 언제라도 낼 수 있다. 연기력과 정치력을 먼저 배워보자.

지하철에서 화장하는 여자

출퇴근 시간 도합 2시간 넘게 지하철을 탄다. 지하철을 오래 타다보면 별별 사람들을 다 마주친다. 이른바 지하철 꼴불견. 1위는 노약자석을 둘러싸고 실랑이를 벌이는 사람들. 노약자석을 양보하네 마네로 언성을 높이며 기어이 폭행까지 서슴지 않는 사람들은 대부분 남자들이다. 아주머니들은 양보해달라는 협박이나 다름없이 젊은 사람이 앉은 자리 앞에 털퍼덕 앉는다든지, 빈자리를 향해 100m 달리기를 하지만 자리를 양보하지 않는다고 젊은 자리 주인을 야단치는 법은 없다. '요즘 것들은' 으로 던진 공이 '나이 값을 해야지' 로 되돌아오고 기어이는 '너 몇 살이야' 로 이어지다가 욕설과 멱살잡이가 난무하는 본격 싸움판은 대부분 남성들의 몫이다.

여성 꼴불견은 지하철에서 화장하는 모습이다. 아침시간, 조금이라도 더 자고 싶어 뒹굴다가 후다닥 뛰어나오느라 분장이나 변장할 시간이 없었다는 건 변명하지 않아도 안다. 그러나 분장이나 변장을 공공장소인 지하철에서 한다는 건 좀 곤란하다. 배트맨이나 슈퍼맨 등 영웅들은 늘 아무도 보지 않는 장소에서 변장하지 않는가.
지하철에서 화장하는 여성들은 공통점이 있다. 지하철에서 화장하는 것에 대해 아무런 부끄러움이 없다는 것이다. 만일 조금이라도 부끄럽다고 생

각했다면 립스틱 정도를 그리는 것으로 재빨리 화장을 끝낼지도 모른다. 그러나 놀랍게도 그녀들은 기초화장부터 시작한다. 데이 크림을 바르고 자외선 차단제를 바르고 파운데이션을 바르고 트윈케이크를 바른다. 아이섀도를 눈두덩에 칠하고 눈썹을 그리고 뷰러로 눈썹도 멋들어지게 집어올리는 여성도 봤다. 립스틱까지 꼼꼼히 바르고 손거울로 거울 속 변장을 마친 자신의 모습을 자랑스럽게 들여다보는 것으로 분장은 끝난다.

만일 남성들이 집에서 하고 나와야 할 행위를 지하철에서 한다면 어떨까? 예를 들면 아침에 면도같은 것. 지하철에서 셰이빙 크림을 바르고 꼼꼼히 면도를 한 다음 애프터 셰이브 로션을 바르는 남자가 있다면 어떤 기분일까?

그리고 또 하나 일급비밀을 털어놓자면, 지하철에서 화장하는 여자치고 미녀는 보지 못했다.

치즈

그런 말을 들었어요.

세상에서 두 번째 좋아하는 일을

직업으로 가지라는 말.

첫 번째 좋아하는 일을

직업으로 가지면

좋았던 마음까지 훼손당할 수 있대요.

밥을 번다는 것은

얼마나 무섭고도 어려운 일인지.

폴짝폴짝

콧노래가 흥얼흥얼
발걸음이 폴짝폴짝

자연과 가까워질 때
내 몸이 가장 가볍다.

Part 5.

골드미스를 위한 시크릿 레시피

"몸과 영혼을 건강하게 만드는 법"

그 무엇을 하든 필수조건은 건강이다. 골드미스는 혼자이기 때문에 아무래도 건강을 챙기지 않는 경우가 많다. 혼자라서 대충 먹는 건 그렇다 치고 외로움과 스트레스 등으로 면역력도 떨어지기 쉽다. 달력을 들여다보면 무수히 많은 날들이 있다. 그중 맘에 드는 날을 골라잡으시라. 그리고 그날만큼은 매년 내 몸을 위로해주는 날로 정해보자. 그동안 애써온 자신의 몸을 스스로 꼭 껴안아주며 수고했다고도 속삭여보자.

골드미스의 재산은 건강

그 무엇을 하고 싶든 간에 필수조건은 건강이다.

한 달 인도여행을 꿈꾸든, 회사의 사장을 목표로 달리든, 밤새 술 마시며 놀든.

결혼해 아이를 낳아 키우는 친구들은 이런 이야기를 종종 한다. 아이를 낳아 품에 안는 순간, 건강하게 오래 살아야지 하는 마음이 저절로 든다고. 저 작고 약한 생명을 보듬어 키워내려면 아프지 말고 건강하게 오래오래 살아야지, 하게 된단다. 예수보다 오래 사는 건 죄악이라고 목 놓아 부르짖던 친구도 마찬가지다. 비타민이며 철분약을 꼬박꼬박 챙겨먹으며 건강을 챙기는 게 모두 아이 때문이라고 이야기한다.

결혼한 친구들이 아이 때문에 건강하게 오래 살아야 한다면, 골드미스는 건강을 챙길 이유가 없는 걸까?

골드미스는 혼자이기 때문에 아무래도 건강을 챙기지 않는 경우가 많다. 혼자라서 대충 먹는 건 그렇다 치고 외로움과 스트레스 등으로 면역력도 떨어지기 쉽다. 기혼자가 싱글보다 오래 산다는 조사결과는 이런 사실을 입증해준다. 균형 잡힌 영양섭취와 정서적인 안정감, 사랑받는다는 느낌 등은 오래 사는 데 영향을 미친다.

'바쁘다 바빠' 를 외치며 분주히 사는 골드미스라도 주말에 혼자 밥 먹는

경우가 많다고 한다. 혼자 먹는 식사라고 라면 같은 인스턴트 음식으로 한 끼 '때우는' 식으로 먹다보면 건강에 좋을 리 없다. 혼자 먹는 식탁이라도 각종 영양소가 골고루 들어가게 만들어보는 건 어떨까. 인터넷 요리 동호회에 가입하면 혼자서도 간단하게 만들어 먹을 수 있는 요리를 다양하게 배울 수 있다. 직접 만든 음식을 사진 찍어 동호회 게시판에 올려보는 것도 좋다. 아무래도 더 신경 써서 만들어 먹을 수 있다.

나의 정크푸드 섭렵기

기자로 일하는 10여년 동안 온갖 다양한 음식을 섭렵했다. 특히 패스트푸드 섭취에 있어서는 타의 추종을 불허했다. 야근을 앞둔 저녁에는 야근을 앞두고 심기일전하자는 의미로 편집국장께서 삼겹살파티를 열어주었다. 한 달에 한 번 삼겹살 파티는 곧 이어질 지난한 야근의 파도를 잘 이겨내라는 일종의 주문과도 같았다. 삼겹살 2인분쯤은 거뜬히 먹어치웠다.

그리고 온갖 화려한 야식의 퍼레이드가 이어졌다. 기사를 주르륵 쏟아내야 하는 마감기간은 옷을 주르르 박아대야 하는 미싱질에 비유하곤 했다. '빨간꽃 노란꽃 꽃밭 가득 피었네 파란 나비 꽃나비 담장위에 날아도 소금땀 비지땀 흐르고 또 흘러도 미싱은 잘도 도네 돌아가네' 하는 노래가 잘 어울리는 풍경이었다.

야식이 없었다면 동지들은 무슨 재미로 지난한 야근의 고지를 넘었을까, 의문이 든다. 야식은 그야말로 패스트푸드의 정수라고 할 수 있다.

마감주간에 돌입하기 전 몹시 가족적이었던 사장님은 애지중지 하시는 골드카드를 꺼내 우리 손에 들려주셨다. 우리는 보급투쟁에 나선 동지들처럼 눈을 반짝이며 이마트로 향했다. 소시지, 미니컵젤리, 사발면, 과자, 콜라, 커피믹스 등등 소위 정크푸드를 산더미처럼 샀다. 어느달인가는 쇼핑에 흥분한 우리들이 사장님의 골드카드를 지나치게 오버해서 그은 결과 다음 달 야식비가 대폭 삭감되기도 했다.

야식을 창고에 그득그득 쌓아두기가 무섭게 간식은 바닥을 보였다. 그도 그럴 것이 자리에서 일어나 창고까지 걸어가는 시간도 아까워 저마다 자기자리에 간식을 산더미처럼 쌓아두기 때문이다. 자판 두드리고 먹고 자판 두드리고 화장실 가고. 이런 패턴의 연속이었다. 이 지경이고 보니 체형은 자연스럽게 항아리 형으로 변해갔고 뱃속은 독소를 내뿜는 패스트푸드의 영향인지 부글부글 가가멜 수프처럼 끓어올랐다. 장시간 앉아있다 보면 혈액순환도 원활치 않아 발목이 퉁퉁 부어올랐다. 양귀비처럼 낭창낭창하던 발목이 코끼리다리처럼 두툼해졌다.

이런 시간을 10년쯤 보냈다. 10년, 강산이 한 번 바뀐다는 시간. 그 시간 동안 내 몸은 몹시 황폐화됐다. 미처 눈치 채지 못한 사이 안으로 곪고 있었다.

깨달음에는 늘 계기가 필요하다. 더 이상 못 참겠다고 내 몸이 파업선언을 했다.

내 몸을 너무 방치했다는 깨달음은 몸이 아파 쓰러지고 병실에 누워 온갖 검사를 하고 난 뒤에 왔다.

너무 늦은 법이란 없다고 그날부터 온갖 건강서를 찾아 읽었다. 책을 읽으며 음식이 얼마나 중요한가 새삼 느꼈다.

내가 먹는 음식을 적기 시작했다. 인스턴트커피 2잔, 커피 우유 하나, 베지밀 하나, 김칫국백반, 된장찌개… 하루 동안 어떤 음식을 먹었는지 간단하게 메모했다. 항목이 많아질수록, 또 조리법이 복잡한 음식일수록 건강에 좋지 않았다.

이후 지금껏 내 몸을 상대로 다양한 실험을 거듭하고 있다. 고기를 끊어보기도 하고 밀가루를 끊어보기도 하고 커피도 끊어봤고 녹차를 끊기도 했다. 식당에서 주문을 할 때 고를 수 있는 메뉴가 한두 가지밖에 없는 경우가 많았다. 된장찌개와 순두부찌개, 비빔밥. 이 세 가지를 번갈아 먹은 날도 있었다. 음식을 먹고 난 뒤 몸의 변화를 읽어내려고 노력한다. 단순한 음식을 먹을수록, 적게 먹을수록 몸이 가볍다.

싱글녀에게 부족하기 쉬운 3대 영양소

아침 샌드위치, 점심 피자, 저녁 스파게티.

영양사가 이런 식단을 짜준다면 당장 잘못됐다고 이의를 제기할 테지만 불행히도 싱글녀들은 이런 식단을 거리낌 없이 선택해 먹는 경우가 많다. 나 역시 마찬가지였다. 늦잠을 자니까 아침은 당연히 굶고 뛰어나온다. 빵집에서 샌드위치를 하나 사먹는다. 점심시간. 샐러리맨에게 점심시간만큼 중요한 시간도 드물다. 매일 반복되는 칙칙한 하루를 맛있는 점심 메뉴로 상큼하게 리프레시하고 싶은 마음이 든다. 그런 의미에서 한식은 재미없다. 매일 먹는 한식보다는 피자가 좋겠다. 친구들과 만나는 저녁 모임. 맛있는 스파게티를 먹으면서 근사하게 와인도 한잔 곁들여 볼까.
매일 어떤 음식을 먹는지 적어본다면 아마 깜짝 놀랄 만한 결과를 알게 될 것이다.

직장생활을 하다보면 아무래도 고기를 많이 먹게 된다. 경기가 나빠진 IMF 이후에는 주로 돼지고기다. 점심과 저녁에 연달아 돼지고기를 먹은 날도 있다. 퇴근 후에는 스트레스를 푼다며 회사 동료들과 삼삼오오 모여 맥주를 마셨다. 돼지고기와 맥주, 몸을 차게 만들어 여성에게 좋지 않다는 두 가지 음식을 줄기차게 먹고 마셨다. 아무 생각 없이 선택했던 메뉴들은 지방과 탄수화물이 많은 대신 비타민과 무기질 등은 절대 부족했다.
그러나 전업주부가 아닌 이상 외식이 잦기 때문에 건강식을 챙겨먹기란 쉽지가 않다. 식당에 걸린 메뉴판을 보면 건강식을 찾기가 하늘의 별따기다.

타임지가 10대 건강식품으로 토마토, 견과류, 브로콜리, 귀리, 시금치, 적포도주, 연어, 마늘, 녹차, 블루베리를 꼽았다.
음식을 먹기 전 잠시만 생각하는 시간을 갖자. 어떤 음식을 먹을 것인지 메뉴를 선택하기 전 필요한 영양소가 골고루 담긴 음식은 뭔지 생각하자.
그리고 내 몸을 건강하게 만들어주는 음식을 먹도록 노력해야 한다.

튀김이여~ 안녕히

좋은 일의 기억은 모두 들기름 냄새와 맞닿아 있다. 소풍가던 날, 잔칫날, 손님 오시던 날… 맛있는 음식을 많이 먹을 수 있는 날이 최고였던 유년시절에는 대문 밖까지 진동하던 들기름 냄새가 그렇게 좋을 수 없었다. 들기름 냄새가 반가워 한걸음에 마당까지 달려가면 하얀 수건을 머리에 쓴 엄마가 솥뚜껑에 부침개를 부치고 있었다. 메밀전, 호박전, 부추전, 감자전… 때마다 재료는 달랐지만 뜨거운 솥뚜껑 위에서 노랗게 익어가던 전을 할머니가 볼 새라 몰래 뜯어 입에 넣어주던 엄마의 손길은 가장 좋은 기억의 한 자락이다.

다 자란 후에도 전에 대한 사랑은 변함없었다. 설날이나 추석이면 누가 시키지도 않았는데 다섯 가지쯤 전을 부쳐 소쿠리 가득 담아놓고 혼자 뿌듯해했다. 시큼콤콤한 김장김치를 찢어 넣고 김치전을 부쳐 이웃집에 나눠주기도 했다. 우동을 먹어도 새우튀김이 올라앉은 걸 골랐고, 닭튀김이나 도넛은 과자처럼 집어먹었다. 모두 몸에 대해 관심을 기울이지 않았을 때의 이야기다. 그런 까닭에 기름진 음식을 멀리하기란 무척 어려웠다. 마치 유년 시절을 외면하는 듯 마음이 아팠지만 유년을 보다 더 오래 추억하기 위해서 기름진 음식을 과감히 줄였다. 훗날 파티를 위한 메뉴에 기름진 음식은 거의 제외했다. 친구들과 건강한 음식을 함께 나누며 도란도란 이야기를 나누는 것, 지금 내가 가진 가장 큰 로망이다.

진수성찬

냠냠냠,
짭짭짭.

나를 살리는 살림은
우리 땅, 우리 음식.

국수 한 그릇

넘치지 않게
조금 모자라게.
사랑이라면 모를까
국수 한 그릇이라면.
넘치지 않게
조금 모자라게.

질문

한끼 식사와
몸을 감싸줄 옷과
몸 누일 방과
함께 하는 가족들,

또 무엇이 필요한지
제게 알려주세요.

사 랑
사랑은 건강한 것.
사랑은 자연스러운 것.
그러므로
자로 재지 말고
아낌없이 사랑할 것.

밥 반 공기 덜어내기

모든 물건은 수명이 있다. 세탁기, 빨래를 5000번 하면 부품이 망가진다는 식의 수명이 있다. 냉장고 TV 에어컨 자동차 뭐든 마찬가지다. 하물며 사람의 몸이라고 왜 그렇지 않겠는가. 마구 쓰다보면 한계가 있는 몸은 틀림없이 탈이 날 것이다. 다만 공장에서 찍어낸 물건이 아니라서 약간의 차이가 있고 정확한 수치가 나오지 않을 뿐이다.

생명을 유지하는 데 있어 꼭 필요한 음식. 그러나 필요한 것보다 더 많이 지나치게 먹게 되면 우리 몸을 필요이상으로 가동하게 돼 수명을 단축시키는 결정적인 역할을 한다. 밥을 양보다 훨씬 많이 먹고 난 날이면 숨쉬기가 힘들고 몸이 무거워지는 현상을 누구나 경험했을 것이다. 배를 감당하기 어려워 누워서 숨을 쌕쌕 쉰 날도 있다.

그래서 결심한 것이 밥 반 공기 덜 먹기. 나이를 먹어 노화가 시작되고 나면 신진대사가 떨어지기 때문에 밥을 줄여야 한단다. 그렇지 않으면 비만이 되기 쉽다. 비만도 비만이려니와 무리하게 움직이는 내 몸의 장기들을 조금이라도 편안하게 쉬게 해주고 싶은 마음에 시작해보려고 마음먹은 밥 덜 먹기 운동. 그러나 눈앞에 맛있는 음식이 있으면 홀랑홀랑 잘도 넘어간다. 밥 한 공기가 어느새 바닥을 보일 때까지 숟가락을 싹싹 긁는다. 이러니 밥 반 공기는 공염불이 되고 말았다. 오늘 못했으니 내일은 꼭 해야지, 빈 밥공기를 들고 다시 큰맘을 먹어본다. 내일은 성공할 수 있을까.

운동은 틈틈이 즐겁게

하루 30분 이상, 일주일에 세 번 정도 운동을 해야 우리 몸이 운동효과를 기억한다는 게 운동전문가들의 이야기다. 그러나 일주일에 세 번 운동하기란 직장인에게 쉬운 일이 아니다. 운동을 해야지 계획한 날 저녁이면 늘 회식이 생긴다. 운동을 못한 건 물론이고 안줏발을 세우느라 과도하게 칼로리를 섭취하고 만다.

무슨 무슨 요일에 운동을 해야겠다고 일일생활계획표에 짜놓는 것보다는 시간이 날 때마다 틈틈이 운동을 하는 게 직장인에게는 오히려 현명한 방법이다. 예를 들면 기본요금 거리는 택시 대신 걷는다든지, 일하는 사이 잠깐 틈이 나면 회사 주변을 걷는다든지 하는 식이다.

요즘 재미를 붙인 놀이가 있으니 바로 저글링이다. 인도네시아 빈탄섬의 클럽메드에서 잘 생긴 G.O(상주 직원)에게 배운 저글링은 자꾸자꾸 하고 싶다는 기분이 들어 지루하지 않게 할 수 있는 운동이다. 저글링이 무슨 운동이 되느냐고 항변하는 분도 있을지 모른다. 그러나 저글링은 탁구 못지않게 운동이 된다. 숙련되지 않아 한자리에 서서 공을 받는 게 불가능하므로 자꾸 걷게 되고, 공을 자주 떨어뜨리다 보니 허리를 숙여 공을 줍는 것도 상당한 운동이 된다. 30분 정도 하면 팔뚝도 뻐근해진다.

줄넘기도 간편한 운동이다. 줄만 있으면 언제 어디서나 손쉽게 할 수 있

다. 매일 목표치를 정해놓고 신기록에 도전해본다든지, 줄넘기 교본에 나와 있는 기술에 하나씩 도전해 보는 것도 줄넘기를 재미있게 즐길 수 있는 방법이다.

운동에 있어 중요한 것은 재미다. 재미는 없지만 그저 건강에 좋다니까 억지로 하는 식은 운동을 오래 지속하지 못하게 만드는 이유가 된다. 해야 하니까 하는 운동보다는 재미있어서 자꾸 하고 싶은 운동이 진짜 운동이다.

동호회의 여자후배 H는 그 바쁜 인턴 생활을 하면서도 일주일에 사나흘 이상을 춤추러 다닐 만큼 춤에 쏙 빠졌다. 통통하던 허릿살이 쏙 빠져 누구나 돌아보는 S라인 몸매를 자랑한다. 그녀가 그토록 열심히 춤을 출 수 있었던 것은 재미 때문이었다. 춤추고 돌아서면 또 가고 싶다는 그녀다.

재미있는 운동을 찾으면 시간표가 따로 필요 없다. 시간표에 없는 날에도 자꾸자꾸 하고 싶어질 테니까.

내 몸 사랑하는 날

여성의 경우 스트레스에 가장 쉽게 공격당하는 곳이 자궁이라고 한다. 자궁근종, 자궁내막증, 자궁경부암 등 다양한 자궁질환으로부터 자신을 보호하려면 무엇보다 정기검진이 필요하다. 유방암도 조심해야 한다. 출산을 하지 않은 여성은 유방암에 걸릴 확률이 출산한 여성보다 높다고 한다.

직장인이라면 누구나 회사에서 일 년에 한 번씩 건강검진을 받는다. 그러나 회사에서 받는 건강검진에 함정이 있다. 미혼의 여성인 경우 산부인과는 회사에서 받는 건강검진에서 늘 빼놓게 된다. "미혼 여성이 어떻게 산부인과 검사를 해" 이런 생각이 여성질환을 키우는 주범이다.

나 역시 마찬가지였다. 회사에서 받는 건강검진에서 산부인과 검사를 받았더라면 병을 키우지 않아도 됐을지 모른다. 그랬더라면 아침 출근 시간에 창자가 끊어지는 고통을 겪으며 화장실에서 쓰러지지 않아도 됐을 거다.

정기검진은 그러나 바쁘다는 이유로 건너뛰기 쉽다. 정기검진을 기억하는 방법이 있다. 바로 정기검진의 날을 정해놓는 것이다. 자신의 생일을 디데이로 삼아도 좋다. 친구들과 왁자지껄 술 마시며 노는 것보다 경건하게 한 살 더 먹은 자신을 축하하며 1년치 건강을 약속받는 것만큼 생일을 보내는 보람된 일은 없을 것이다. 생일날 너무 많은 사교활동 때문에 도무지 짬을 낼 수 없다면 자기만의 특별한 날을 하나 만들어보자.

5월 10일은 여성의 날이다. 이 날을 정기검진의 날로 잡아도 좋다. 이 날이 아니더라도 달력을 들여다보면 무수히 많은 날들이 있다. 지구의 날, 물의 날, 세계평화의 날. 그중 맘에 드는 날을 골라잡으시라. 그리고 그날만큼은 매년 내 몸을 위로해주는 날로 정해보자. 그동안 애써온 자신의 몸을 스스로 꼭 껴안아주며 수고했다고도 속삭여보자.

우울할 때는 줄넘기

호르몬 치료를 받을 때였다. 호르몬의 불균형으로 시도 때도 없이 우울증에 시달렸다. 갑자기 얼굴이 화끈 달아오르기도 하고 식은 땀이 나거나 손목이 욱신거리기도 했다. 우울증이 올 수도 있으니 각별히 주의하라는 의사의 말을 들어 예상하고는 있었지만 그렇다고 우울한 기분이 덜어지는 건 아니었다. 지나온 시간은 후회스러웠고 다가올 시간들은 두려웠다. 우울한 기분이 들라치면 무조건 몸을 일으켜 줄넘기를 들고 집을 나섰다. 백 개, 이백 개, 삼백 개, 사백 개, 오백 개. 숫자를 꼬박꼬박 세어가며 줄넘기를 하다보면 땀이 나고 숨이 차며 머릿속의 잡념이 스르르 사라졌다. 그리고 어쩐지 뭐든 잘될 것 같은 기분이 들기도 했다. 줄넘기는 나를 우울증으로부터 건너뛰게 만들어준 고마운 친구다.

줄넘기를 할 수 없는 회사에서는 사무실을 잠시 빠져나와 회사 근처를 몇 바퀴 걸었다. 빠른 걸음으로 회사를 뱅글뱅글 돌다보면 마음이 가라앉으면서 기분이 나아지는 게 느껴졌다.

언제라도 편하게 걷기 위해 회사에도 운동화를 신고 다녔다. 구두를 신으면 아무래도 오래 걷거나 빨리 걷기 힘들다. 또 구두를 신고 오래 걸으면 오히려 무릎이나 발에 좋지 않은 영향을 줄 수도 있다. 밑창이 도톰한 운동화가 제일 좋다. 하도 신고 다녀 이제는 낡아버린 파란 운동화.

신발장 한켠에 곱게 모셔둔 내 건강 지킴이.

안전하고 건강한 섹스

섹스폰의 '섹' 자만 봐도 콩닥콩닥 가슴이 뛰던 시절이 있었다. 섹스라는 단어를 입에 올리는 것조차 힘들고 어렵던 나이가 있었다. 친구들의 연애담을 들으며 부러움에 침을 꼴깍 삼키기도 했다.

지금은 섹스라는 단어를 섞어서 이야기를 해도 얼굴이 붉어지지 않으며, 연애를 하는 커플들은 자연스럽게 섹스를 한다는 사실도 알게 됐다.

섹스는 자랑거리도, 그렇다고 숨겨 놓아야 할 어둠의 자식도 아니다. 그런데 의외로 극단을 오가는 사람들을 많이 본다.

지나치게 떠벌리는 사람이 있다. 자신의 섹스 경험이 마치 무슨 무용담인 양 이야기한다. 굳이 설명하지 않아도 되는 세세한 부분까지 서슴없이 밝힌다. 놀랍다. 섹스 경험담을 이야기함으로써 스스로 무척 개방적이며 쿨한 사람이라는 걸 강조한다.

또 지나치게 순진한 척 하는 사람이 있다. "나는 섹스의 '섹' 자도 몰라요", "어머어머 섹스라니 그런 걸 어떻게 해" 하는 식이다. 뻔히 알 거 다 알 만한 나이인데도 그런 이야기를 아무렇지 않게 하는 여성을 보면 살짝 닭살 돋는다.

누군가 섹스하고 싶은 대상이 생겨 섹스를 하게 된다면 안전하고 건강하고 즐겁게 하라.

피임을 위한 준비는 꼼꼼히. 피임에 대해 솔직하게 이야기하지 못할 사이라면 섹스를 관두는 게 낫다. 그리고 당신의 건강을 먼저 챙겨주지 않는 남자라면 일찌감치 마음을 접는 편이 낫다. 마음을 제대로 소통하지 못하는 사이인데 몸을 소통하는 것이 무슨 소용이 있겠는가.

소 통

천천히
그리고 진지하게
나를 표현하자.

사소한 오해로
촉수를 거둬들이지 말고
천천히 오래
상대를 이해하자.

이별에게

등 돌렸다면
뒤돌아보지 말 것.

앞만 보고 가는 것이
떠나 온 사람에 대한
예의.

남녀

사랑한다면
같은 곳을 바라봐야 합니다.
다른 곳을 강요하는 사랑은
당신의 사랑이 아닙니다.

화양연화

활짝 꽃핀 날의
향긋함.
짧은 사랑이어도
좋다.
영혼까지 향긋하다면.

NO
STOPPING
NO
PARKING
4-6 PM
MON - FRI
Blue
Hippos
TRIP
Eric
Burden
Brunettes
Jesus
Lizard
Arrested
Development
Information
Society
Redd
Kross

Part 6.

일생 한 번쯤 절정이 필요하다

"하고 싶은 게 있다면 지금 여기서"

"꼭 하고 싶은 일이 있지만 밥 굶을까봐 못하고 있어요." "밥을 굶어? 요즘은 굶어죽기도 어려운 세상이야. 굶고 있다고 하면 사람들이 밥을 막 가져다 줄걸? 하다못해 노숙자 쉼터에서도 밥을 주잖아. 걱정하지 말고 시작해." 두렵지만 나아가는 것, 그것이 진정한 용기라는 이야기를 읽은 적이 있다. 두려움을 모른다면 그건 용기가 아니다. 이제 버스가 오면 나는 기꺼이 버스에 오를 것이다. 바로 지금, 바로 여기서. 내가 원하는 곳으로 가기 위해.

꼭 하고 싶은 일이 있다면 바로 지금, 바로 여기서

솔직하게 인정하자면, 꿈을 자꾸 미루기만 했던 이유는 용기가 없어서였다. 꿈을 온몸으로 안아낼 용기가 내겐 없었다. 꿈을 먹고 살 순 없다고 안전한 길로 가라는 어른들의 조언에 너무 깊이 길들여진 까닭이었다.

사무실에서 나와서 지하철로 걸어가는 퇴근길. 터덜터덜 걸으며 하루를 되돌려본다. 아침 출근길, 완벽한 하루를 만들어보자고 마음먹었던 다짐이 무색하게 참으로 부끄럽기 그지없는 시간이었다. 세모눈을 뜨고 질책하는 상사들과 '너쯤이야' 하며 밟고 올라서려는 후배들, 그 사이에서 어떤 자세로 서있어야 하는지 난감해하는 어정쩡한 실루엣이다.

회사와 집 사이, 버스와 지하철 사이가 온전히 내 시간이다. 회사의 부품 No.53이 아닌, 김도용 씨 댁 자녀 중 No.2가 아닌 그냥 나.

버스 정류장에 앉아 몇 대의 버스를 보낸다. 버스가 멈추고 사람들이 쏟아져 내려 어디론가 사라지는 걸 물끄러미 지켜본다. 아무 망설임 없는 빠른 발걸음들이 맥없이 부러워진다.

잃어버린 꿈을 떠올려본다.

내가 되고 싶었던 것들. 나중에, 나중에, 라며 조금씩 미뤄두기만 했던 내 꿈들이 수챗구멍 밑에서 울고 있는 듯 했다.

왜 미루기만 했을까? 나는 지금까지 시간을 미뤄 지금 무엇을 손에 잡고 싶었던 걸까?

솔직하게 인정하자면, 꿈을 자꾸 미루기만 했던 이유는 용기가 없어서였다. 꿈을 온몸으로 안아낼 용기가 내겐 없었다. 꿈을 먹고 살 순 없다고 안전한 길로 가라는 어른들의 조언에 너무 깊이 길들여진 까닭이었다.

"꼭 하고 싶은 일이 있지만 밥 굶을까봐 못하고 있어요."라고 변명같지도 않은 변명을 늘어놓은 내게 한 선생님께서 이런 얘기를 들려주셨다.

"밥을 굶어? 요즘은 굶어죽기도 어려운 세상이야. 굶고 있다고 하면 사람들이 밥을 막 가져다 줄걸? 하다못해 노숙자 쉼터에서도 밥을 주잖아. 걱정하지 말고 시작해."

선생님의 자신감 넘치는 조언을 듣자 트레펑을 부은 듯 마음이 뻥 뚫리는 기분이었다. 그렇게 명쾌한 해답을 듣고도 나는 곧바로 실천에 옮기지 못했다. 그러나 예전같은 막막함은 아니다. 번지점프를 할 때 몇 번의 망설임이 필요하듯, 조금 망설이는 것뿐이다.

두렵지만 나아가는 것, 그것이 진정한 용기라는 이야기를 읽은 적이 있다. 두려움을 모른다면 그건 용기가 아니다. 이제 버스가 오면 나는 기꺼이 버스에 오를 것이다. 바로 지금, 바로 여기서. 내가 원하는 곳으로 가기 위해.

내 인생의 위시 리스트

위시 리스트를 만들면서 위시 리스트가 실현되는 상상만으로도 즐거웠다. 하나씩 지워나가다 보면 얼마나 기쁠까. 시간이 흐르다보면 새로운 하고 싶은 일들이 생길 테고 또 하기 싫어지는 일도 있을 테지만 그때그때 수정해나가면 된다. 나만의 위시 리스트니까.

지난해 여름, 모처럼 15일의 휴가가 주어졌다. 엄밀히 말하면 15일의 병가다. 고장난 부분을 고치기 위해 병실에 누워 있는 동안 여러 가지 생각들이 파도처럼 오고갔다. 그중 처음 며칠은 통증 때문에 아픔에만 집중해야 했다면 통증이 사라지자 언제 그랬냐는 듯 무료해진 시간이 하이에나처럼 달려들었다.

만화책과 소설, 잡지를 섭렵한 뒤 병실을 돌며 도서를 대여해주는 자원봉사 아주머니의 수레까지 섭렵하고 더 이상 볼 활자가 없어 공황상태에 빠질 뻔한 나를 달래주었던 건 '위시 리스트' 였다.

사회생활을 시작한 이래 늘 시간이 없다고 동동거려온 날들이었다. 마감 때만 되면 하고 싶은 일들이 어쩌면 그렇게 뭉게뭉게 피어오르는지. 갤러리도 가고 싶고, 최신 영화도 보고 싶고, 퍼머도 하고 싶고, 서점도 가고 싶고, 바다는 왜 그렇게 보고 싶은 건지. 일 때문에 하고 싶은 걸 뒤로 미뤄야 하는 현실이 늘 괴로웠다.

마감만 끝나면, 마감만 끝나면… 벼르고 또 벼르던 시간이 모여 어느새 16년이다. 정작 마감이 끝나고 나면 누구에게 두드려 맞기라도 한 것처럼 온몸이 아파 꼼짝 않고 방바닥에 엎드려 시간을 보내기 일쑤였다.

그리하여 지금껏 하고 싶은 일들을 제대로 하지 못한 결정적 이유는 부족한 시간과 돈이라고만 생각했다.

딱히 할일이 없기도 했지만 병원에 누워있으면 누구라도 철학자가 된다. 병원은 삶과 죽음의 경계가 우리의 생각처럼 그리 단단하지 않다는 것을 느끼게 해주는 생생한 현장이기 때문이다. 삶과 죽음의 경계는 콘크리트처럼 단단한 것이 아니라 어쩌면 유리보다 얇고 투명하다. 외면하고 싶지만 그렇다.

병실에 누워 그동안 못해서 아쉬웠던, 꼭 해보고 싶은 일들의 리스트를 짜기 시작했다. 위시 리스트(wish list). 노트 위에 까만 볼펜으로 멋지게 제목을 달았다. 뭔가 허전했다. '오요나의 위시 리스트' 라고 쓰고 나니 뭔가 꽉 찬 느낌이 든다. 그래! 역시 제목장사다.

1번부터 10번까지는 술술 써내려갔다. 시간과 돈이 없어서 못한다고 시시때때로 억울해했던 대표적인 것이 여행이었으니. 10번까지는 대부분 여행에 관한 위시 리스트로 채워졌다. 여행이라고 뭉뚱그리면 변별력이 없는 것같아 조금 세세하게 적었다.

가족과 온천여행. 하와이로 신혼여행가기, 미국 자동차 횡단 여행, 티벳 여행, 몽골의 겨울체험하기, 퀸 빅토리아호 타고 세계일주, 쿠바 오! 쿠바, 스페인은 빼놓으면 안 되겠지, 외국에서 1년 이상 살아보기.

여행 말고도 하고 싶은 일이 많았다. 플럼 빌리지 같은 동호인 마을 만들기, 갤러리 열기, 상담학 공부, 힐링센터 열기, 책 출간, 사진&그림 전시회열기, 피아노 배우기, 춤 배우기, 와인스쿨 다니기, 서예 사군자 배우기, 책 녹음해주는 봉사활동, 건강빵 만들기, 재봉 배우기, 시골에 친환경 집 짓기, 도자기 배우기….

그러나 노트의 칸을 서른 칸 남짓 채우고 나서부터는 볼펜을 놓고 머리를 쥐어짜는 상황이 됐다. "이게 뭐야, 내가 하고 싶었던 게 이렇게 없었단 말이야?" 겨우겨우 쉰 개를 채우면서 나는 내가 하고 싶은 일이 그렇게 많지 않으며 특별히 큰돈과 엄청난 시간이 필요한 일도 많지 않다는 사실을 알게 됐다.

위시리스트로 적은 게 50개니까 일 년에 두 개씩만 하고 싶은 걸 한다고 치면 25년이면 모두 해볼 수 있다는 셈이 나왔다. 어떤 것을 먼저 하느냐는 경제력이나 처한 상황에 맞게 정하면 될 것이다.

위시 리스트를 만들면서 위시 리스트가 실현되는 상상만으로도 즐거웠다. 하나씩 지워나가다 보면 얼마나 기쁠까. 시간이 흐르다보면 새로운 하고 싶은 일들이 생길 테고 또 하기 싫어지는 일도 있을 테지만 그때그때 수정해나가면 된다. 나만의 위시 리스트니까.

위시 리스트가 25년 후 모두 '어치브 리스트'로 옮겨지기를 바라며, 오늘도 위시 리스트를 점검한다.

춤 추는 인생이 행복하다

우리 유전자속에는 춤에 대한 무의식이 스캔돼 내려오는 게 아닐까 싶다. 이제 막 걷기 시작한 어린 아이가 기분 좋으면 겅중겅중 뛰는 흉내를 내는 것처럼, 춤은 사람을 가장 순수한 세계로 안내해주는 마법의 양탄자다.

춤을 다룬 영화가 무척 많다. 가장 먼저 떠오르는 건 '셸 위 댄스'. 꽤 오래전 영화다. 일밖에 할 줄 몰랐던 중년의 직장인이 춤을 배우면서 삶의 의미를 깨닫게 된다는 내용이다. 영화에서 춤은 중년의 남자를 새로운 세계로 이끌어준다.

춤을 추는 시간만큼은 일상의 모든 일들을 잊고 나를 잊고, 오직 춤에 몰입할 수 있다.

춤을 춘다는 건 미처 몰랐던 나 자신의 은밀한 뒤안과 만나는 일이다. 없는 줄만 알았던 용암이 터져나온다. 내 안에 숨어있는 에너지가 이렇게 많았다니, 깜짝 놀라게 된다.

일상이 무료하다면, 어제가 오늘 같고 오늘이 내일같이 권태롭다면 춤이 맞춤처방전이다.

우리 유전자속에는 춤에 대한 무의식이 스캔돼 내려오는 게 아닐까 싶다. 이제 막 걷기 시작한 어린 아이가 기분 좋으면 겅중겅중 뛰는 흉내를 내는 것처럼, 춤은 사람을 가장 순수한 세계로 안내해주는 마법의 양탄자다.

"어머 춤이라곤 한 번도 안 춰봤어요."

"몸치라서 못해요."

나는 이렇다고 미리 못을 콱 박아놓지 말자. 시도해 보고 나서 그래도 못하겠다면 그때 그만두면 된다.

특히 남자의 손을 부여잡고 그의 영혼과 교감하며 추는 탱고의 매력에 한 번 빠지면 아마도 헤어나지 못할 텐데. 매일 밤 춤추느라 다크서클이 진해졌다고 그때 내게 투덜대지 않았으면 좋겠다.

그렇다면 왜 하필 탱고냐고? 탱고를 선택한 데는 나름 치밀한 계획이 있다. 나중에 꼭 해봐야할 위시 리스트 중 하나인 빅토리아호 유람선 타기. 그때 세계 각지에서 모인 사람들과 매일 밤 열리는 탱고 파티에 참가하고 싶어서다. 몸매를 흐트러지지 않게 관리하고 부드러운 미소를 가져야 할 이유도 여기에 있다.

회사

내가 알아야 할 모든 것은
회사에서 배웠다고 할 만큼
회사는 매일매일 내게 교훈을 준다.
말도 안되는 억지를 부리는 사람에게
버럭 화내면 안되는 이유,
부당함에 대해 말해야 할 때와
참아야 할 때를 분별하는 능력,
실패와 성공이 주는 슬픔과 기쁨,
회사가 아니었다면
이 많은 것들을 어디에서 배울 수 있었을까.

솔직하기

포장하지 마세요.
있는 그대로의 나를
드러내세요.

꾸미지 마세요
느껴지는 만큼
웃으세요.

목화

얇고 연하기만 한 꽃이 하얀 솜이 됐습니다.
잊지 않는다면, 잊지 않는다면
우리는 모두

결코 시들지 않는,
포근하고 눈부신 솜꽃을
피울 수 있습니다.

잃어버린 꿈을 찾아

꼭 서른 살이 되던 해 나는 한 번도 해보지 않고 접어두었던 내 꿈에게 미안한 마음이 들었다. 그림을 그린다는 건 어떤 기분일까, 느껴보고도 싶었다. 저녁을 굶고 그림을 그리러 갔다.

어렸을 때 꿈은 만화가였다. 낙서를 좋아했던 나는 만화가가 그렇게나 재미있어 보일 수 없었다. 수줍게 엄마에게 고백했다.

"엄마 나 만화가가 될래."

엄마는 허락하지 않았다.

"만화가가 되면 밥 굶어. 안 돼."

그때 엄마는 만화가가 앞으로 얼마나 유망한 직업이 될지 모르셨던 모양이다.

조금 더 자라서는 화가가 되고 싶었다. 그러나 부모님께 미대에 가겠다고 선언할 수 없었다. 딸을 미술학원에 보낼 만큼 넉넉한 집안이 아니었다. 그림을 좋아했지만 그림에 대한 꿈은 한 번도 시도해보지 않은 채 접어버렸다. 대학을 졸업하고 내 손으로 돈을 벌게 될 만큼 시간이 흘렀을 때 그 때도 여전히 내 마음속에는 그림에 대한 열망이 남아있었다. 외국에 출장이라도 가게 되면 미술관을 열심히 찾아다녔고, 화집을 하나 둘 모으며 대리만족했다.

꼭 서른 살이 되던 해 나는 한 번도 해보지 않고 접어두었던 내 꿈에게 미안한 마음이 들었다. 그림을 그린다는 건 어떤 기분일까, 느껴보고도 싶었다. 회사에서 가까운 곳에 위치한 문화센터 서양화반에 등록했다. 일주일에 한번 목요일 저녁이었지만 한 달에 2번쯤 야근이 걸리기 때문에 시간을 맞추기 어려운 날도 있었다. 저녁을 굶고 그림을 그리러 갔다가 다시 사무실로 와 야근을 하기도 했다.

문화센터에는 중고등학교 때 꿈이 화가였다는 주부들이 대부분이었다. 콩나물을 다듬어 가족들의 밥상을 차려놓고 붓을 잡으러 나오는 거였다. 백발이 성성한 할머니도 계셨다. 중학교 때 학교에서 미술상을 도맡아 휩쓸만큼 실력이 있었지만 부모님의 반대로 미대에 가지 못하고 가정대에 진학해 결혼했다고 했다. 손자까지 봤지만 그림에 대한 아쉬움을 버리지 못해 그림을 배우러 나왔노라는 말씀을 들으며 한 가지 분명하게 깨달아지는 게 있었다.

하고 싶은 건, 언젠가는 해야 하는 거로구나.

그렇다면 그 언젠가는 빠를수록 좋다.

기록하는 즐거움

한 달, 두 달, 세 달… 시간이 지남과 동시에 기록들이 쌓여간다. 일기 속에는 너무 잘 알고 있다고 생각해왔던 자기자신의 모습이 낯설게 담겨있다.

주변에는 꿈이 없다는 친구들이 의외로 많다. 뭘 좋아하는지, 뭐가 되고 싶은지 도무지 모르겠다고 푸념한다. 되고 싶은 게 있다면 전력질주할 수 있을 테지만 하고 싶은 것도 되고 싶은 것도 없는 무료한 날들을 보내고 있다는 것이다.

만약 아무것도 모르겠는 상태라면 자신을 깊이 들여다보는 시간이 필요하다. 자신을 알기 위해 우선 자신과 관계된 모든 일들을 낱낱이 기록해본다. 초등학교 때 숙제로 일주일치를 한꺼번에 쓰던 그런 일기가 아니라 매일매일을 기록하는 거다.

처음엔 누구를 만나 무엇을 먹었나가 주로 쓰일 테지만, 얼핏 무의미해 보이는 작업이지만 포기하지 말고 계속 해본다. 기록하는 작업은 자신을 객관화시키는 효과를 가져온다. 흔히 자기 자신을 가장 잘 알고 있다고 느끼지만 정작 제대로 모르는 경우가 있을 수 있다.

포털 사이트의 블로그를 활용하는 것도 괜찮은 방법이다. 한 달, 두 달, 세 달… 시간이 지남과 동시에 기록들이 쌓여간다. 이 기록들을 프린트해 되짚어 읽어본다. 일기 속에는 너무 잘 알고 있다고 생각해왔던 자기자신의 모습이 낯설게 담겨있을 거다. 기록속의 주인공이 어떤 일에 분노하고 어떤 일에 기뻐하고 어떤 일에 행복해했는지 찬찬히 분석해본다.

이런 방법을 통해 좋아하는 일이 뭔지 찾았다면 이제는 그 꿈을 실현할 방법을 찾아야 한다. 꿈을 실현하기 위해서는 아침에 일기를 쓰라고 조언해준 책이 있다. 흔히 일기란 하루의 마무리 단계에서 하루를 되돌아보며 쓰는 거라고 생각해왔던 편견이 무너지는 순간이었다. 아침에 쓰는 일기는 일기가 아니라 '드림 플랜' 이다. 나 역시 아직까지 꿈을 실현하는 방법을 찾지 못했다. 드림 플랜을 꾸준히 쓰지 못해서라고 변명해본다.

유 해브 파워 모어 댄 유 싱크
(You have power more than you think)

졸음에 겨운 눈을 들어 사막을 쳐다봤을 때 그때 그 문장이 눈에 들어왔다. 순간 머릿속이 환해지는 느낌이었다. 그래, 내게는 내가 생각하는 것보다 더 많은 힘이 있을 거야. 아이 해브 어 파워 모어 댄 아이 싱크(I have a power morc than I think).

아무것도 손에 잡아놓은 것 없이 서른 살이라는 암초를 맞닥뜨리게 된 스물아홉 살 무렵이었다. 상상이란 얼마나 힘이 센지, 스물아홉 살에 상상했던 서른 살은 너무도 절망스러웠다. 막상 서른 살이 되었을 땐 담담했으며 오히려 마음이 편해지고 참 좋은 나이라고 느끼기까지 했지만.

스물아홉 살은 매일이 겨울이었다. 불안하고 초조하고 안절부절 마음은 길거리의 까만 비닐봉지처럼 이리저리 나뒹굴었다.

새로운 세계를 향해 알을 깨고 나갈 용기는 없고, 그렇다고 무의미해 보이는 현실에 서있는 나 자신을 참아주기에도 어정쩡한 날들이었다.

일주일의 미국 출장이 떨어졌다. 서부 지역에 위치한 모 화장품 회사를 견학 가는 일이었다. 샌프란시스코에서 버스로 로스앤젤레스까지 이동하는 경로였다. 로스앤젤레스에서 일이 끝나고 라스베이거스를 들러 돌아오게 됐다. 라스베이거스를 향해 직선으로 이어진 끝없는 네바다 모하비 사막 길을 달려가고 있었다.

나무 그늘 하나 없이 황량한 도로 위를 버스는 끝없이 달렸다. 졸며 깨며 달려가는 중에도 서울에서부터 데려온 미래에 대한 불안감은 끈질기게 나를 괴롭혔다.

졸음에 겨운 눈을 들어 사막을 쳐다봤을 때 그때 그 문장이 눈에 들어왔다. 순간 머릿속이 환해지는 느낌이었다. 유 해브 파워 모어 댄 유 싱크(You have power more than you think.). 무슨 광고를 하는 간판이었는지는 잊었지만 그 문장만큼은 가슴속에 콕 새겨져 오랫동안 나를 밝혀주는 등불이 되었다.

그래, 내게는 내가 생각하는 것보다 더 많은 힘이 있을 거야.

내가 가진 힘으로 뭐든지 할 수 있을 거라고 생각하니 안개가 걷히는 기분이었다. 나는 나를 믿고 두려움을 넘어 앞으로 걸어가야 한다.

길을 잃은 것 같은 기분이 들 때, 안개 속에 갇힌 듯 아무것도 보이지 않을 때 그런 때는 눈을 감고 가만히 중얼거린다.

아이 해브 어 파워 모어 댄 아이 싱크(I have a power more than I think.).

자전거

두 바퀴를 돌리며 씽씽
바람을 가르는 상쾌한 기분.
살아있다는 쾌감은
내 힘으로 움직일 때 가장 크다.

ĐƯỜNG
TRƯNG NỮ VƯƠNG
Lipton
Lipton
Ice Tea
khám phá cuộc sống

알쏭달쏭

늘 모르겠는 것 투성이.
하나씩 답을 찾아가는 게
인생이라지만

어제도 알쏭달쏭.

오늘도 알쏭달쏭.

회전목마

어린시절이 행복했던 이유는
매일 뛰어놀았기 때문.
어른이 되고서 가장 슬픈 것은
골목에서 다방구를 할 수 없다는 것.

건강한 몸과
맑은 영혼이 조화롭게
회전해야
행복할 수 있다.

17

여행의 즐거움

여행에 쓰는 돈은 결코 낭비가 아니다. 여행은 골드미스의 영혼을 유지해주는 가장 강력한 시스템이기 때문이다. 또 여행은 미처 인식하지 못했던 자기자신을 알 수 있게 해주는 도구이기도 하다.

골드미스의 자유 중 제일은 어디든 갈 수 있는 자유다. 결혼해서 아이를 키우고 있는 친구들이 신혼여행 때 비행기 타본 게 마지막이었다는 이야기를 들으면 싱글의 자유를 새삼 실감하게 된다.

직장생활을 하다보면 매일매일이 전쟁이다. 회사의 출입문을 들어서는 순간, 총탄이 어디서 날아올지 모르는 살얼음판이다. 사장 눈치, 상사 눈치, 후배 눈치 보다보면 가자미눈이 된다.

이대로 있다가는 회사 옥상에서 '나는 회사가 싫어요' 라고 외친 뒤 뛰어내리거나 얄미운 상사의 집에 사제폭탄이라도 보낼 판이다. 말도 안 되는 상상을 상상으로 그치게 하려면 휴식이 필요하다.

골드미스에게 있어 여행은 일상의 스트레스를 풀어주는 가장 강력한 무기다. 그 누구의 눈치 볼 필요 없이 마음껏 내 시간을 즐길 수 있는 권리.

결혼하지 않은 주변의 친구들도 대부분 여행을 즐긴다. 토, 일요일 이틀간 전국지도를 훑고 다닌다든지, 하루 월차를 덧붙여 일본에 가서 온천을 즐기고 오는 식이다.

여행에 쓰는 돈은 결코 낭비가 아니다. 여행은 골드미스의 영혼을 유지해주는 가장 강력한 시스템이기 때문이다. 또 여행은 미처 인식하지 못했던 자기자신을 알 수 있게 해주는 도구이기도 하다. 그런 의미에서 여행은 개인을 성장하게 만드는 영양제라고도 할 수 있다.

여권에 찍힌 스템프를 보면 회사 일을 열심히 할 수 있다는 친구가 있다. 얼핏 무의미해 보이는 직장생활일지라도 그 시간들을 통해 자신이 꼭 하고 싶은 여행을 할 수 있게 해주는 도구라는 생각을 하면 즐겁게 할 수 있게 된다는 그녀다.

또 그런 얘기도 했다.

"직장생활이 좋은 점이 또 있어. 다 맛있는 것만 있다면 정말 맛있는 것에 대한 좋은 점을 못 느끼잖아. 맛없는 걸 먼저 먹고 난 뒤 맛있는 걸 먹기 직전의 기쁨. 직장생활은 그런 기쁨을 줘."

여행, 낯설게 하기의 미학

여행은 여행하기 전이 가장 좋다. 여행의 즐거움을 백으로 친다면 60%쯤이 여행 전에 여행가방을 싸면서 얻어진다. 어디를 떠난다는 것. 그것만으로도 이미 여행은 충분히 나에게 보상을 한다.

서울에서라면 하려고 맘먹지 않았거나 해보고 싶어도 할 수 없었을 것들을 기꺼이 해보게 되는 것. 그것이 여행이 주는 축복이다. 저글링, 카약, 골프.

처음 말을 타본 곳. 그곳은 몽골이었다. 6월의 몽골은 밤이면 기온이 싸늘해져 장작불을 밤새 피워야 했다. 게르의 공기를 데우기 위해 게르 안에는 작은 난로가 있었고 장작불을 피워야 했다. 장작불은 그러나 너무 짧은 시간 안에 꺼지기 때문에 한두 시간에 한 번씩 나무를 더 넣어야 했다. 방을 따뜻하게 하기 위해 그렇다고 잠을 안 자면서 불을 넣을 수는 없었다. 아침에 일어났을 때 포근한 공기를 느끼며 개운하게 잠에서 깨어났다. 그리고 그렇게 단잠을 잘 수 있었던 것이 5개나 되는 게르를 오가면서 일행 중 한 명이 불을 넣었기에 가능했다는 사실을 알게 됐을 때, 그때의 감동을 잊지 못한다.

몽골의 말들은 참으로 보잘 것 없이 자그마했다. 저 작은 몸뚱이 위에 올라앉으면 말이 넘어지지 않을까 싶을 정도로. 말 위에 올라앉으니 생각보다 불안하지는 않았지만. 말이 얼마나 겁이 많은 동물인지, 그때 처음 느꼈다. 내리막길에서 말이 얼마나 벌벌 떠는지 안쓰러워서 내가 내려서 말을 업고 내려오고 싶은 심정이었으니까. 말은 발을 벌벌 떨면서 신중하게 한걸음씩 옮겨 넘어지지 않고 언덕을 내려왔다. 평지에서는 저도 안심이 됐는지 속력을 내기도 했다. 말이 달릴 때마다 몸이 1초쯤 붕 떴다 가라앉는 그 기분. 말을 타는 기쁨을 알게 된 순간이었다. 그 재미에 말타기에 중독됐다가 말에서 떨어져 큰 부상을 입었다는 일행의 이야기가 가볍게 들리지는 않았다.

빈탄 클럽메드에서는 발리에서 온 곱슬머리 G.O 알렉산드로 레이(27)와 인터넷을 하며 노닥거렸다. 그는 말레이시아 채러팅에서 G.O 생활을 하다가 이곳으로 왔다고 했다. 일이 재미있고 행복하다고 했다. 플로레스 아일랜드에 스쿠버다이빙 가이. 다이빙센터, 렌터카 등 투어센터를 하고 싶다고 말한다. 아버지는 독일인이고 어머니는 발리 사람이라고. 아버지는 자동차로 세계를 일주하고 발리에서 어머니를 만나 결혼했단다. 알렉산드로는 속눈썹이 길고 눈망울이 깊었다. 이렇게 여행지에서 마음 통하는 누군가와 만나 이야기를 나눌 수 있다는 건 여행이 주는 보너스다.

여행은 여행하기 전이 가장 좋다. 여행의 즐거움을 백으로 친다면 60%쯤이 여행 전에 여행가방을 싸면서 얻어진다. 어디를 떠난다는 것. 그것만으로도 이미 여행은 충분히 나에게 보상을 한다. 그리고 여행은 돌아와서 음미할 때, 마치 소가 먹은 음식을 소화시키는 되새김질을 하듯 음미할 때 나머지 40%가 완결된다. 60%가 얼마나 좋았느냐에 따라 40%는 50%가 될 수도 100%가 될 수도 있다. 풍경보다는 사람이 더 오래 남는 것은 물론이다.

싱글이어서 감사한 것들

감정의 롤로코스터를 타며 복잡다단한 생각들 속에 허우적거리지만 조금씩 조금씩 나아지고 있다는 것. 하고 싶은 것, 알고 싶은 것이 아주 많다는 것. 새로운 사람을 사귀는 데 두려움이 없다는 것. 지금의 '나' 라서 행복하다.

늘 긍정적인 친구가 이런 얘기를 해줬다. 자기가 원하는 길 얻는 게 성공이라면 자기가 갖고 있는 걸 감사하는 게 행복이라고. 그런 의미에서 나는 성공하지 못했지만 충분히 행복한 사람이다. 지금의 '나' 라서 행복하다.

사랑하는 가족들, 물론 어느 작가의 표현처럼 아무도 안 본다면 내다버리고 싶을 만큼 미울 때도 있지만, 내 곁에 가족이 있다는 것.

그리고 내가 출근하기를 기다리는 내 의자가 있다는 것.

누구 도움을 받지 않고 내 스스로 생계를 꾸려 나간다는 것.

그리고 숨 가쁜 하루의 끝에서 터덜터덜 집으로 걷는 퇴근길에 전화해 안부를 물어볼 친구가 있다는 것.

'큰고모 싫어' 하며 때리고 도망가지만 그 모습까지도 사랑스러운 조카가 있다는 것.

감정의 롤로코스터를 타며 복잡다단한 생각들 속에 허우적거리지만 조금씩 조금씩 나아지고 있다는 것.

애인이 없기 때문에 혼자 즐길 수 있는 시간이 많다는 것.

여행을 하고 싶을 때 언제든지 계획을 세워 떠날 수 있다는 것.

하고 싶은 것, 알고 싶은 것이 아주 많다는 것.

새로운 사람을 사귀는 데 두려움이 없다는 것.

결혼하지 않아 같이 놀아주는 친구가 많다는 것.

당신이 가진 것은 무엇인가요.

제게 자랑해주세요.

LAND CAMERA MODEL 180

싱글데이즈

완벽한 사람은 없습니다.

완벽한 사람이 되기 위해 노력하는 사람이 있을 뿐.

우리가 매일매일

어제보다 나은 사람이 되어야 합니다.

그것이 바로

아름다운 싱글데이즈입니다.